W0072480

Liebe Leserin, lieber Leser,

beflügelt von der wunderbaren Idee, Orte in Düsseldorf zu finden, an denen man zur Ruhe, in den Genuss und in Kontakt mit sich kommen kann, zog ich los und fand auf meiner Entdeckungstour wahre Schätze: Darunter waren sowohl grüne Oasen mitten in der Stadt für die Atempause zwischendurch als auch wunderschöne Schlossgärten am Stadtrand für die ausgiebige Erholung. Besonders mitrei-ßend waren die Begegnungen mit den Menschen, die mir ihre Herzensprojekte vorgestellt haben. Im Kräuterhafen schwappte die Begeisterung sofort über; seitdem ich weiß, wie wertvoll manches vermeintliche Unkraut ist, gehe ich mit viel wacheren Augen an den Rheinwiesen entlang.

Wie ein Kind im Paradies fühlte ich mich im Schokola-denladen – natürlich, weil es großartig schmeckte, aber vor allem, weil jede einzelne Praline mit so viel Liebe hergestellt wurde. „Mit dem Herzen dabei" trifft es ziemlich genau!

Ich wünsche Ihnen viele erfüllende Momente und ganz viel Zeit für sich!

Ihre Simone Eichhorn

Deine Atempause

Deine Kraftquelle

1 EIN HAUCH VON JAPAN

Der Nordpark hat viele wunderschöne Ecken zu bieten. Neben der imposanten Wasserachse, dem Wassergarten und den bunten Blumenringen stellt der Japanische Garten am Rhein ein ganz besonders Juwel dar.

Auf den über 5000 Quadratmetern sind alle Gestaltungselemente durchdacht und dem Vorbild der originalen Gärten Japans nachempfunden. So befindet sich in der Mitte als wesentliches Element etwa eine bogenförmige Brücke. Auch die Bäume, meist Kiefern oder der japanische Fächerahorn, die auf spezielle, kunstvolle Weise gestaltet worden sind und deren Formen **Wolken** ähneln, die am Himmel vorbeiziehen, fügen sich harmonisch in das Bild ein. Es gibt eine künstlich angelegte Quelle, die durch die geschickte Bepflanzung aber natürlich wirkt. Von der Quelle geht ein **Wasserfall** aus, der über Kaskaden in den Teich hineinfließt und einer vielfältigen, bunten Menge von Fischen ein Zuhause bietet. Im Wasser schillern diese in allen Farben, von Rot über Orange und Blau und sogar ein goldfarbener Fisch ist dabei.

Die großen Steine, die das Ufer säumen, bieten dem stillen Beobachter eine Sitzgelegenheit, genauso wie die Stühle, die ab und an zu finden sind, weil sie Gartenbesucher an diesen schönen Ort gebracht haben. Das Beobachten der **Fische** und der umherschwirrenden Libellen entschleunigt genauso wie das Plätschern des Wassers im Hintergrund.

Ewig könnte man hier sitzen. Wer mag, kann eine kleine Übung zur Sinneswahrnehmung machen, um sich ganz ins Hier und Jetzt zu holen.

Achtsamkeitsübung für die fünf Sinne:

- Schließe deine Augen.
- Atme mehrmals ruhig ein und aus.
- Spüre deine Augen, öffne sie und schaue dich um. Benenne innerlich fünf Dinge, die du siehst: Ich sehe...
- Schließe wieder deine Augen, spüre deinen Körper und den Kontakt deiner Haut zur Kleidung, zur Luft usw. Benenne innerlich vier Dinge, die du fühlst: Ich fühle...
- Spüre deine Ohren und höre dich um. Benenne innerlich drei Dinge, die du hörst: Ich höre...
- Spüre deine Nase und schnuppere. Benenne innerlich zwei Dinge, die du riechen kannst: Ich rieche...
- Spüre deinen Mundraum und schlucke einmal. Benenne innerlich einen Geschmack, den du wahrnimmst: Ich schmecke...
- Atme abschließend noch einmal tief ein und aus und öffne deine Augen.

Japanischer Garten im Nordpark
Stockumer Kirchstraße
40474 Düsseldorf

Für Dich!
Die Natur beobachten und bei sich ankommen

2 AYURVEDISCHE VIELFALT

Das Padmavati ist stadtbekannt. Sobald der Name fällt, fangen die Leute zu schwärmen an. Immer geht es um die besondere Atmosphäre, die in den schönen Räumlichkeiten herrscht. Ein Ort zum Wohlfühlen!

Auch wenn die Inhaberin des Padmavati eigentlich deutsch-italienische Wurzeln hat, könnte man meinen, dass ein Stückchen Indien doch in ihr steckt. Daniela Reich-Perulli kennt sich so gut aus, was das Thema Ayurveda betrifft, dass man nur staunen kann.

Eine besondere Einrichtung des Padmavati ist der **Mittagstisch**, der jeden Donnerstag von 12 bis 15 Uhr angeboten wird. Dann steht Daniela Reich-Perulli schon früh in der Küche und kocht. Dabei lautet das Motto: „Iss das, was in deiner Region wächst zu der Jahreszeit, die gerade herrscht." Das versucht die Köchin

zu beherzigen und mit der ayurvedischen Küche zu verbinden. Hier kommen dann **Gewürze** zum Einsatz, die ein Essen nicht mehr deutsch, sondern indisch-ayurvedisch schmecken lassen. Auf der Karte stehen Gerichte wie Süßkartoffel-Linsen-Curry oder Chili sin Carne. Auch Süßes gibt es in der ayurvedischen Küche. Verschiedene Kuchen oder Cremespeisen zaubert Daniela Reich-Perulli hervor und man darf wirklich nicht zu spät kommen, wenn man etwas vom Mittagstisch abbekommen möchte. Zu trinken gibt es dazu fast immer die hausgemachte Limonade oder den Mandel-Dattel-Lassi, welcher

mit den Gerichten wunderbar harmoniert. Der Mittagstisch ist immer lecker. Er sättigt gut, lässt aber kein Völlegefühl entstehen. Würde man regelmäßig auf ayurvedische Kost umstellen, wäre das eine **Wohltat** für Magen und Darm.

Im Padmavati gibt es die Möglichkeit, seine **Konstitution** bestimmen zu lassen. Dann erfährt man zum Beispiel genau, welche Nahrungsmittel unterstützend oder eher kontraproduktiv auf das Wohlbefinden einwirken. Passend zu den Doshas, den Konstitutionstypen, kann man im Padmavati Gewürzmischungen, Tees, Körper- und Gesichtsöle und noch vieles mehr erwerben. Diese hat Daniela Reich-Perulli ebenfalls selbst hergestellt.

Die Krönung im Padmavati sind aber die **Massagen.** Egal, ob eine Kopf-, Fuß- oder gar eine Ganzkörpermassage – die Behandlungen sind wohltuend und unterstützen sowohl Körper als auch Geist in ihrer Balance.

Padmavati Ayurveda
Reichsstraße 57
40217 Düsseldorf
Tel. (02 11) 37 39 11
www.padmavatiwellness.de

Für Dich!
Wohltuend für Leib und Seele

Gesundheit auf dem Teller

Wie Ayurveda helfen kann, sich richtig zu ernähren

Ayurveda heißt übersetzt „Wissenschaft des Lebens". Und das ist zugleich auch die ureigene Idee des Ayurveda, das seinen Ursprung in Indien hat. Der gesunde Mensch soll gesund bleiben und der kranke Mensch wieder gesund werden. Dafür wird alles Wissen angewandt, was vorhanden ist. Ayurveda ist also ursprünglich keine Zusammenfassung für Anwendungen im Wohlfühlbereich, sondern ein umfangreiches Gesundheitskonzept. Genau wie in der Schulmedizin gibt es dabei im Ayurveda verschiedene Fachgebiete wie Hals-Nasen-Ohren- oder Frauenheilkunde.

Die Grundlage für das Ayurveda bilden die **fünf Elemente** Äther, Luft, Feuer, Wasser und Erde. Jedes Element bringt dabei für sich typische Charaktereigenschaften mit. Unter Äther versteht man einen leeren Raum, etwas ganz Leichtes ohne Bewegung, wohingegen Luft sehr wohl Bewegliches in sich hat, eher kühl ist und kraftvoll. Feuer wird charakterisiert durch Energie und Wärme. Wasser ist sehr strukturiert, kalt und hart, wenn man beispielsweise an Wellen denkt, die auf das Ufer treffen. Erde ist das schwerste Element, sehr stabil und mit viel Struktur.

Die fünf Elemente finden sich wiederum in den **Bausteinen** des Menschen, den Doshas, wieder, wovon es insgesamt drei gibt: Vata, Pitta und Kapha. Vata ist das Bewegungsprinzip und wird geprägt von Äther und Luft. Das Stoffwechselprinzip Pitta umfasst Feuer und Wasser. Kapha, das Strukturprinzip, wird bestimmt von den Elementen Erde und Wasser.

Jeder Mensch trägt alle drei Konstitutionen mit unterschiedlicher Gewichtung in sich. Angestrebt wird nicht die gleiche Verteilung der drei Doshas. Vielmehr sollte jeder Mensch, um gesund zu bleiben, in seiner angeborenen Konstitution bleiben. Denn diese ist die am besten geeignete für das jeweilige Leben. Um herauszufinden, welche Verteilung die eigene ist, kann

man durch ausgebildete Ayur-
vedatherapeuten eine Konstitu-
tionsbestimmung durchführen
lassen. Dabei werden körperliche und geistige Merkmale einer Person zusammengetragen
und analysiert. Danach kann
dann beispielsweise festgelegt
werden, mit welchen **Ölen** und
welcher **Ernährungsweise** der
Mensch unterstützt werden
kann.

Möchte man sich in Sachen Ernährung etwas Gutes tun, muss
man nicht direkt alles umstellen.
Es lohnt sich, bereits auf einzelne Gewohnheiten zu schauen
und diese zu überdenken, zum
Beispiel die Gestaltung des täg-
lichen Frühstücks. Im Ayurveda
darf es eine warme Mahlzeit
sein, ein süßlicher Getreidebrei
mit Zimt und Vanille angemacht
oder auch eine herzhafte Variante mit Gewürzen wie Curry
oder Chili.

Vata

Äther + Luft

Pitta

Feuer + Wasser

Kapha

Erde + Wasser

Wahr Nehmen.

3 ALLES AUF PAUSE

Unabhängig davon, was einen nach Düsseldorf führt – manchmal sehnt man sich nach äußerer Ruhe und innerem Frieden. Finden kann man diese im Raum der Stille im Maxhaus.

Neben den großen und auch den kleinen versteckten Kirchen in Düsseldorfs Altstadt bietet vor allem der Raum der Stille einen Ort, um wieder bei sich anzukommen. Dabei verströmt bereits das Maxhaus selbst eine solch angenehme **Atmosphäre,** dass im Körper direkt etwas anklopft und sagt: „Hier kannst du durchatmen. Hier kannst du sein, ohne zu müssen." Jeder Besucher wird dort freundlich begrüßt und je nach Anliegen begleitet.

Der Raum der Stille befindet sich im ersten Stockwerk und bereits auf dem Weg dorthin ist man eingeladen, seine Schritte zu verlangsamen, um zu schauen, welche Angebote zur Themeninteraktion es gibt. Jedes Jahr stellt das Maxhaus ein Thema in den Mittelpunkt, welches die Besucher des Maxhauses zum **Nachdenken** anregen möchte. Ein Jahr kann so beispielsweise unter dem Motto „Wahrnehmen" oder „Entscheidungsraum" stehen. Immer geht es dabei um ein **Hineinhorchen** in sich, um ein Spüren, was gerade da ist und was genau seinen Raum finden möchte. Das Reflektieren über die Fragestellung, das Niederschreiben von Gedanken, das Wahrnehmen der Körperempfindungen

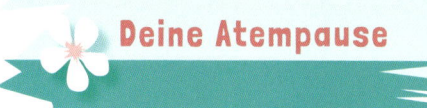

bringt den Besucher in Kontakt mit sich, sofern er dies möchte.

Betritt man den Raum der Stille, ist es wirklich so, als würde mit dem Schließen der großen und schweren Tür auch alles andere draußen bleiben. Das Herz klopft langsamer, der Atem geht tiefer und ruhiger. Man ist eingeladen, sich auf die Stühle oder die Kissen zu setzen und die klare, stille Atmosphäre in sich aufzunehmen. Wer möchte, kann sich ein Blatt zur Hand nehmen, auf dem eine Anleitung zu einer **Meditation** gedruckt ist. In dieser wird das jeweilige Jahresthema aufgegriffen. Egal, ob ich mich für diese Form der Meditation entscheide oder frei bin mit meinen Gedanken. Egal, ob ich

laut oder leise ein Gebet spreche – dieser Raum macht etwas mit mir. Ich fühle mich hier sicher und wertgeschätzt, denn alles ist so liebevoll und durchdacht für mich vorbereitet mit dem, was ich brauche.

Raum der Stille
Maxhaus, Schulstraße 11
40213 Düsseldorf
www.maxhaus.de

♡ **Für Dich!**
Ein Raum der Stille mitten im Stadttrubel

Hat Gott einen Plan für mein Leben?

Triff eine Entscheidung bevor Du bereust sie nicht getroffen zu haben.

Manchmal zeigt sich der Weg erst, wenn man anfängt ihn zu gehen.

– PAULO COELHO –

Büchergarten

4 SONNENSCHUTZ EMPFOHLEN

Nur sitzen. Nichts weiter tun als sitzen und die Umgebung genießen. Und wenn man möchte, die Zeit nutzen für eine kleine Atemmeditation.

Ganz am Ende der Fleher Straße befinden sich auf der rechten Seite des Deiches zwei Holzbänke, von denen aus man die direkte Sicht auf den Rhein genießen kann. Im Frühling lässt sich die Nasenspitze in die Sonne halten, um sich zu erholen und aufzutanken. Im Sommer ist je nach Tageszeit ein Schutzmittel empfohlen, denn die Sonne scheint hier mit voller Kraft, verstärkt durch die Spiegelung des Wassers. Im Herbst kann es manchmal nebelig sein über dem Rhein; das gegenüberliegende Ufer in Neuss lässt sich dann kaum erkennen. Im Winter hat man an guten Tagen eine Kombination aus Kälte und Sonne, dann kann man sowohl die Stille als auch das **Glitzern des Rheins** genießen. Zu jeder Jahreszeit lädt die Fleher Sonnenbank zum Verweilen ein. Sitzt man eine Weile dort, lässt sich einiges beobachten. Große Frachtschiffe bringen ihre Güter zum Beispiel von den Niederlanden in die Schweiz. Kanuten aus den nahe gelegenen Clubs gleiten zügig und unaufgeregt dahin. Sportboote jagen peitschend gegen den Strom, ein Partyschiff dröhnt laut vorbei. Dazwischen sind immer ein paar **Wasservögel** beim gemächlichen Schwimmen oder auf der Suche nach Nahrung zu sehen.

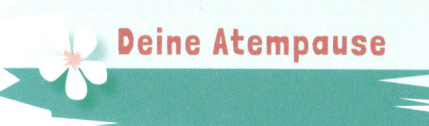

Besonders schön ist es aber, wenn scheinbar nichts passiert, wenn es fast still ist und nur das konstante Rauschen der Autos von der Fleher Brücke zu vernehmen ist. Dann können die Augen geschlossen werden und der Fokus liegt auf dem eigenen **Atem.** Tief ein und langsam wieder aus, ein und aus, ein und aus. Sich dabei das Bild eines Kanuten oder Ruderers vor Augen zu rufen, kann helfen. Der Atem fließt, genauso wie die Paddel durch das Wasser gleiten, ganz gleichmäßig. Wie möchte der Atem fließen? Entsteht hier ein gleichmäßiger Rhythmus? Aber Achtung! Nicht erschrecken, wenn zwischendurch ein Schiffshorn ertönt, ein Hund bellt oder ein Fahrradfahrer klingelt. Diese Geräusche einfach nur wahrnehmen, vorbeiziehen lassen und sich wieder ganz und gar dem eigenen Atem zuwenden: ein und aus, ein und aus, ein und aus ...

Fleher Sonnenbank
Ende der Fleher Straße/
Fleher Deich
40223 Düsseldorf

Für Dich!
Im Gleichklang
mit Sonne und Natur

5 FRANZÖSISCHES FLAIR

Fast könnte man an der Hausnummer 80 vorbeilaufen. Aber nur, wenn das Tor zur Straße geschlossen ist. Denn darauf findet sich eine originalgetreue Bemalung dessen, was im Hof Wirklichkeit wird.

Versteckt in einem der schönsten Hinterhöfe Düsseldorfs zeigt sich das Bistro & Café à midi als wunderschöner Ort zum Sein. Neben kleinen Geschäften fügt sich das à midi dabei harmonisch ein in die künstlerisch gestaltete Umgebung. Dass es auf der Nordstraße öfter laut und hektisch vor sich geht, lässt man im wahrsten Sinne des Wortes hinter sich, wenn man durch das Eingangstor geht.

Wer ab und zu schon einmal in einem schönen **Hinterhof** in Düsseldorf gelandet ist, der weiß, dass es dort immer besonders zugeht. Hier versammeln sich Künstler, Handwerker, Einzelhändler mit feinem Angebot und nur ganz selten gibt es ein Café. Umso schöner, wenn man um das à midi weiß.

Im Sommer sitzt man dort draußen an kleinen **Bistrotischen**, lauscht dem Gesprächsgemurmel und genießt beispielsweise den leckeren selbst gebackenen Obstkuchen zu einer Tasse Café au Lait. Und auch wenn das Wetter sich nicht so einladend zeigt, stellt sich das nicht als Nachteil dar, da es innen im à midi ebenso gemütlich und lauschig ist. Dafür sorgt die teils rustikale, teils kunstvolle Einrichtung, die ihren eigenen **Charme** besitzt. So gibt es sehr individuelle Sitzmöglichkeiten, vom klassischen Holzstuhl über hohe Bistrohocker bis hin zu einem gemütlichen weinroten Sofa mit Samtbezug, welches mit seinen Sprungfedern dafür sorgt, dass es nicht langweilig wird. Das Licht, das von den unterschiedlichen Lampen und Kronleuchtern ausgeht, ist meist etwas gedimmt und sorgt für eine gemütliche Atmosphäre: bereit zur Speisenauswahl!

Zum **Frühstück** gibt es ein kleines, aber feines Angebot, zum Beispiel einen herrlichen Obstsalat aus frischen Früchten und mit einem Hauch Puderzucker oder ganz französisch ein Croissant oder eine Variation aus Käsehäppchen. Täglich wird ein sehr beliebter **Mittagstisch** mit drei Gerichten angeboten. Dabei sind die

Zusammenstellungen so nahrhaft wie kreativ und lecker. Da können Stampfkartoffeln mit Feldsalat und Roter Bete schon einmal mit Kürbiskernöl und Granatapfelkernen verfeinert sein. Mmh, einfach nur lecker!

Café & Bistro à midi
Nordstraße 80 (im Hof)
40477 Düsseldorf
Tel. (01 77) 8 56 41 01
www.bistro-amidi.de

Für Dich!
Französische Leckereien in besonderer Atmosphäre

6 KIRCHE MIT WOW-EFFEKT

Die spätromanische Basilika gilt als eine der schönsten Kirchen Düsseldorfs. In den 1980er-Jahren wurde sie umfangreich restauriert und hat ihren ursprünglichen farbigen Putz wiedererhalten.

Mitten im alten Ortskern steht am Gerricusplatz die Gerresheimer Basilika St. Margareta, die im Jahr 1236 geweiht wurde. Sie ist präsent und man spürt sofort, dass sie ein Zentrum darstellt in diesem Stadtteil. Ihr wurde **Raum** gelassen, wodurch sie noch besser zu Geltung kommt. Dazu trägt sicherlich auch der zweigeschossige Vierungsturm bei, der durch seine achteckige Form und sein außergewöhnliches Faltdach auffällt.

Viele spannende Geschichten gibt es um die Entstehung des Ortes, der sich um das Stift herum bildete und nach dem Gründer des Stifts, Ritter Gerricus, be-

nannt ist. Anfänglich sprach man daher von „Gerrichs-Heim". Die Gebeine des „Ur-Vaters von Gerresheim" haben heute noch ihren Platz in einem **gotischen Sarkophag** in der Basilika.

Ursprünglich gehörte St. Margareta zu einem Damenstift, in dem die unverheirateten Töchter des Hochadels untergebracht wurden. Nach der Säkularisation und der dadurch bedingten Aufhebung des Stifts blieb aber die Basilika erhalten, da sie nicht nur als Stifts-, sondern von jeher auch als Pfarrkirche genutzt wurde.

Im Kirchenraum gibt es vieles zu entdecken. Besonders spannend ist aber die

goldene, von Paul Nagel gestaltete **Bodenplatte** des brennenden Dornbuschs. Auf dieser Platte steht zu lesen: „Der Ort, wo du stehst, ist heiliger Boden. Zieh deine Schuhe aus." Damit ist das Wort Gottes an Mose gemeint. Es ist besonders, dass die meisten Gläubigen genau an dieser Stelle stehen, wenn sie die heilige Kommunion empfangen. Das unterstreicht das **Kraftvolle,** das von dieser Basilika ausgeht. Überall ist zu spüren, dass hier Geschichte lebendig wird.

Viele Bildnisse der heiligen Maria sind in der Basilika zu finden. Man kann in Ruhe in einer der Bänke Platz nehmen, sie betrachten und auf sich wirken lassen. Und wenn man diese wunderschöne Kir-

che dann noch im Gesamten wahrnehmen kann, dann merkt man, wie man Anspannung loslassen kann an diesem Ort, der einen auf seine ganz eigene Art und Weise zu beschützen scheint.

 Basilika St. Margareta
Gerricusstraße 9
40625 Düsseldorf
www.st-margareta.de

Für Dich!
In einer beeindruckenden Basilika Schutz finden

Glückshormone wach kitzeln
Übungen für einen guten Start in den Tag

Wie ich meinen Tag beginne, hat entscheidenden Einfluss auf den weiteren Verlauf. Eine feste Morgenroutine vermittelt Struktur und Rhythmus. Rituale geben einen sicheren Rahmen, über den sich sowohl Körper als auch Geist freuen.

Zu einem guten Start gehört es auch, bestimmte Dinge zu lassen. Handy und Computer dürfen gerne noch warten, denn die Zeit am Morgen sollte nicht für soziale Medien oder Nachrichten aus aller Welt reserviert sein, sondern für sich selbst.

Hier sind drei Übungen, die helfen können, kraftvoll und zentriert den Tag zu beginnen.

Strecken wie eine Katze

Noch bevor man aus dem Bett aufsteht, sollte man sich vor Augen führen, wie sich eine Katze nach dem Schlafen bewegt und es ihr nachtun. Sie reckt und streckt sich. Sie dehnt sich in alle Richtungen, damit sich ihre über Nacht verkürzten Muskeln und das Bindegewebe wieder entfalten können. Auf diese Weise kann man sich von den Zehenspitzen bis zum Kopf spüren und das volle Maß seiner Muskelkontrolle erhalten.

Bewusstes Aufstehen aus dem Bett

Sobald man den Impuls verspürt aufzustehen, kann man sich auf eine Seite drehen, sich mit den Händen in den Sitz hochdrücken und dann ein Bein nach dem anderen aus dem Bett schwingen. Das Entscheidende kommt jetzt: Nicht direkt aufstehen, sondern ganz bewusst einen Fuß nach dem anderen auf dem Boden absetzen und für ein paar Momente die Fußsohlen auf dem Boden spüren. Gibt es Bereiche der Füße, die man mehr oder weniger spüren kann? Wie fühlen sich die Füße an? Entspannt oder verkrampft? Wie ist die Temperatur? Nimmt man die Kühle oder die Wärme des Fußbodens wahr? Kann man den gesamten Fußumriss fühlen? Erst dann sollte man dem Impuls nachgeben, aufzustehen.

Der Stand, in dem man sich nun befindet, ist nicht nur bewusster, sondern auch selbstbestimmter, weil das Aufstehen nicht im sogenannten Autopiloten stattgefunden hat. Es ist wie eine kurze selbstbestimmte Erdung, bevor der Alltagstrubel losgeht.

Eine Intention für den Tag setzen

In welcher Absicht möchte ich den heutigen Tag verbringen? Worauf möchte ich besonders achten? Das können Fragen sein, die einen Hinweis darauf geben, was heute wichtig sein kann.

Beispielsätze für eine solche Intention sind:

- Ich höre achtsam zu.
- Ich habe Zeit.
- Ich betrachte mich und meine Reaktionen mit Wohlwollen.
- Ich bin dankbar.

Am Abend vor dem Einschlafen kann man dann noch einmal auf den Tag zurückblicken und überlegen, in welchen Momenten und Situationen diese Intention zum Tragen gekommen ist.

7 WENN DAS KRAUT SPRINGT

Im Hasseler Forst kann man sich immer wieder überraschen lassen. Hier findet man einiges in Flora und Fauna, was man sonst eher selten sieht. Hier gibt es dann aber gleich alles in großer Menge.

Beginnend an der Kirche St. Antonius in Hassels (es gibt nämlich auch eine in Friedrichstadt) führt der Weg geradewegs hinein in den Hasseler Forst. Bevor sich ein **Waldidyll** einstellt, muss zunächst aber noch die Autobahnbrücke überquert werden. Danach wird es grün und grüner und man befindet sich mit einem Mal direkt im Wald.

Begrüßt wird man von mehreren **hölzernen Kunstwerken,** die vor einigen Jahren aus gut gewachsenen Stämmen geschnitzt worden sind. Fast mystisch wirken die Skulpturen, die beispielsweise einen Wanderer oder einen

Waldgeist darstellen. Ebenso interessant sind die Schautafeln des Waldlehrpfades, auf denen Wissenswertes zum schönen Waldgebiet im Düsseldorfer Süden zu finden ist. Welche Vogelarten gibt es hier? Und wie genau sehen deren Nester aus? Fragen zu Käfern und Insekten werden ebenfalls beantwortet.

Diese schwirren in großer Zahl um die Pflanzen herum, unter anderem auch um die Pflänzchen des Springkrauts, die am Wegesrand hellgelb blühen. In der **Blütezeit** von Juni bis September lässt sich am besten herausfinden, wie das Kraut zu seinem Namen kam: Berührt

man die pralle, reife Kapselfrucht, kringelt sich die grüne Hülle blitzschnell zusammen und die Samen werden regelrecht herausgeschleudert. Auf diese Weise wird dafür vorgesorgt, dass im nächsten Jahr genügend Springkraut zur Verfügung steht. Auch wenn es Beinamen wie „Rühr-mich-nicht-an" oder „Altweiberzorn" besitzt, macht es doch sehr viel **Freude,** dem Kraut beim Springen zu helfen. Wer sich dann doch loseisen kann, dem sei angeraten, den Waldweg einfach weiterzugehen. Nach einer Unterführung wartet eine Weggabelung darauf, ob man entweder in Richtung Unterbacher See oder in Richtung des Elbsees weitergeht.

Entscheidet man sich für den Weg zum Elbsee, ist zwar in diesem Gebiet des Waldes kaum noch Springkraut zu finden, dafür entdeckt man aber am Wegesrand jede Menge Garten-Bänderschnecken und kann sie beim Davonkriechen mit ihren großen Häuschen auf dem Rücken beobachten.

Hasseler Forst
Eingang Neuenkampstraße
40599 Düsseldorf

Für Dich!
Entspannender Waldspaziergang mit Lernfaktor

8 GANZ IM ELEMENT

Gerade an warmen Tagen zieht einen der Rhein wie magisch an. Dass es aber nicht immer der große Fluss sein muss, beweist eindrucksvoll ein Mündungsarm der Düssel, der Brückerbach.

Ob vom Botanischen Garten, aus Wersten oder Himmelgeist – viele Wege führen zum Brückerbach. Dieser ist ein Mündungsarm der südlichen **Düssel,** welcher auf direktem Weg in den Rhein fließt. Beobachten können diese Zusammenführung aber nur die Mitarbeiter des Wasserwerks, da sich der Zufluss inmitten eines Wasserschutzgebietes befindet.

Auf den zwei Deichen links und rechts vom Brückerbach lässt sich flanieren, spazieren und radeln. An manchen Stellen plätschert der Bach dabei seicht vor sich hin, an anderen verläuft er scharf um die Kurve und manchmal geht es so-

gar regelrecht reißerisch zu. An vier Stellen des Bachverlaufs befinden sich Fischaufstiegsanlagen. Dort lohnt es sich, eine **Pause** einzulegen, innezuhalten und zu beobachten. Wer eine Weile dort ist, der entdeckt immer wieder andere Gleichgesinnte und wenn man mag, ergeben sich daraus kleine Gespräche quasi direkt an der **Quelle.** Denn zu sehen gibt es genug. Immer wieder schwimmen oder springen Fische über die Kaskaden. Ob es nun eine Barbe oder das eher seltene Flussneunauge ist, das müsste genau geprüft werden. Neben den Fischen fühlen sich vor allem auch Wasservögel wohl am Brückerbach.

Ein paar Enten watscheln mit ihren Küken am Ufer entlang und ab und an legt eine Kanadagans eine Trinkpause ein.

Die eigene Trinkpause lässt sich gut am Trinkwasserbrunnen am Fleher Wasserwerk verbringen. Dafür folgt man dem Brückerbach in Richtung Rhein und schlägt, wenn man den Wald des Wasserwerks erreicht hat, den Weg nach rechts ein. Wer diesem Pfad nun immer weiter folgt, kommt automatisch am **Trinkwasserbrunnen** vorbei. Dort sprudelt das Wasser vom Frühjahr bis zum Herbst. Zugegebenermaßen ist dies nicht einer der schönsten Orte in Düsseldorf, dafür aber ein sehr wohltuender. Es ist einfach ein **gutes Gefühl,** dass das Wasser

in unmittelbarer Nähe gewonnen wird und nicht erst den Weg über kilometerlange Leitungen nehmen muss. Und das schmeckt man auch.

Brückerbach
Am Brückerbach
40591 Düsseldorf

Trinkwasserbrunnen
Himmelgeister Landstraße 1
40589 Düsseldorf
www.swd-ag.de

Für Dich!
Fische und Vögel im Bach beobachten

9 IM SCHOKO-PARADIES

Jede Praline ist eine Meditation wert! Betrachte sie genau. Nimm ihren Duft wahr und atme ihn ein. Beiße ein Stück ab und behalte es im Mund, schmecke die Aromen. Genieße in vollen Zügen.

„Das Leben ist zu kurz für schlechte Schokolade." Dieser Spruch empfängt jeden an der Tür von bittersüß & edelweiß. Und so tritt man ein, bereits mit einem kleinen **Lächeln** auf dem Gesicht. Der Schokoladenladen von Kat Lohaus ist der Himmel auf Erden für alle Schokoladenliebhaber. Beim Eintreten wird man empfangen von einem Duft aus Kakao und Gewürzen und es wird unmittelbar klar, dass sich ein Besuch in diesem Feinkostgeschäft lohnt. Die Auswahl ist enorm. So gibt es eine ganze Wandfläche liebevoll präsentierter **handgeschöpfter Schokoladentafeln.** Bei einigen sieht man sofort, um welche Sorte es sich handelt, zum Beispiel bei Haselnuss, Pistazie oder der Schokolinsentafel, die dann passenderweise den Namen Konfetti trägt. Die beliebtesten Sorten wie die Whisky-Schokolade oder Karamell-Meersalz sind Dauerbrenner im Sortiment.

Spezialitäten sind zudem noch die karamellisierten und schokolierten Crêpes, die Brotaufstriche wie Erdnuss-Schoki oder Knusper-Nougat, die extra ohne Palmöl angefertigt werden, und natürlich die große Auswahl handgemachter Pralinen. Im Winter regieren Zutaten wie Nougat, Gewürze und Rotwein, im Früh-

jahr und Sommer können es außerdem beerige Noten sein. Kat Lohaus arbeitet mit ihrem kleinen Team direkt hinter dem Verkaufsraum und das macht auch den **Charme** von bittersüß & edelweiß aus. Alles ist echt, handgemacht und mit viel Liebe zum Detail gefertigt.

Daran lässt Kat Lohaus ihre Kunden noch auf einem anderen Weg teilhaben. Wer einen Platz für einen Pralinenkurs ergattern kann, der darf selbst einmal in der Pralinenwerkstatt stehen und seine eigene **Lieblingspraline** kreieren. Alles, was links und rechts abfällt, darf übrigens genascht werden.

Besonders freundlich und zugänglich ist die persönliche Beratung, die jeder im Laden erhält. Jeder Kunde bekommt Zeit und Aufmerksamkeit geschenkt und wird dadurch auch beim zweiten Besuch wiedererkannt. Kat Lohaus liegt es am **Herzen,** ihre Kunden zu begleiten.

Und so geht man hinaus mit einem großen Lächeln auf dem Gesicht.

 bittersüß & edelweiß
Kat Lohaus, Lorettostraße 41
40219 Düsseldorf
Tel. (02 11) 41 60 67 71
www.bittersuess-edelweiss.de

Für Dich!
Außergewöhnliche Schokospezialitäten genießen

10 FRÜHLINGS-GEFÜHLE

„Frühling lässt sein blaues Band wieder flattern durch die Lüfte." Dieser Vers aus Eduard Mörikes Gedicht „Er ist's" kommt manchem in den Sinn, wenn er das Blütenmeer der Krokusse erblickt.

Auch wenn Mörike wahrscheinlich mit dem blauen Band den hell strahlenden Frühlingshimmel meinte, ist dieser schöne Vers einfach präsent, wenn es um das Blaue Band in Düsseldorf geht. Seit dem Jahr 2008 wurden mittlerweile bis zu 9 Millionen Krokuszwiebeln eingepflanzt. Besonders engagiert hat sich dafür der Verein Pro Düsseldorf, der durch Unterstützung des Düsseldorfer Gartenamtes die schöne Idee in die Tat umsetzen konnte.

Vorbild für das Blaue Band in Düsseldorf sind die **blühenden Krokusse** im Husumer Schlosspark ganz in der Nähe vom Nordfriesischen Wattenmeer. Im Rheinpark zwischen der Theodor-Heuss-Brücke und den Rheinterrassen erblühen jedes Jahr auf einer Strecke von 2,5 Kilometern violett blühende Krokusse. Auch in der Kaiserpfalz in Kaiserswerth sind es mittlerweile knapp 1 Million Pflanzen, ebenso wie auf den Rheinwiesen. Im Hofgarten strecken jährlich 5 Millionen Krokusse ihre Köpfe Richtung **Sonnenlicht.** Das Blaue Band nimmt also vom Umfang stets etwas zu, genau wie die Begeisterung rund um den „Crocus neapolitanus".

Was aber macht die Faszination nun genau aus? Der Krokus ist der erste Bote,

der mit kräftiger Farbe ankündigt, dass der Frühling mit all seinen Farben bald Einzug hält. Es ist seit jeher eine Blume, die Freude und **Bewunderung** ausdrückt und deren Duft beliebt ist. In der Farbe Violett treffen Blau und Rot aufeinander, Männliches und Weibliches, Wasser auf Feuer, Himmel auf Erde. **Nuancen** entscheiden darüber, ob der Krokus eher blau oder violett ist. Auf jeden Fall ist es eine beruhigende Farbe, die ihre Wirkung noch mehr entfaltet, wenn viele Krokusse nebeneinander aus der Erde wachsen. Dann wirkt es wie ein Blütenmeer, in dem man sich verlieren, den Blick entspannen kann. Es gibt Bänke, die ganz in der Nähe stehen, auf denen man mittendrin ist.

Schließt man die Augen, weht einem ab und an eine seichte, mal eine kräftigere **Prise** des zarten Blütenduftes entgegen. Der Frühling ist auf einmal schon ganz nah.

 Blaues Band
Rheinpark, Cecilienallee/
Robert-Lehr-Ufer
40213 Düsseldorf

♡ **Für Dich!**
Sich über ein Meer von Frühlingsblumen freuen

11 STILLE, KUNST, NATUR

Der Stille lauschen, in andächtiger Atmosphäre über das Leben nachsinnen und auch über die Vergänglichkeit – das ist möglich in diesem wunderschönen, ruhigen Garten.

Ein ganz besonderer grüner und blühender Ort lässt sich auf dem Südfriedhof, Düsseldorfs zweitgrößtem Friedhof, finden. Vom Seiteneingang An der Vehlingshecke geht es den von links einmündenden Weg entlang geradeaus. Direkt an der nächsten Wegkreuzung liegt rechter Hand der Memoriam-Garten. Es handelt sich hierbei um ein wunderschönes Projekt. Verschiedene Kunstwerke sind umgeben von **blühenden Kreationen** passend zur jeweiligen Jahreszeit. So schlängeln sich manchmal Stiefmütterchen in einem Beet und stellen beispielsweise den Fluss des Lebens dar. Neben

diesem gibt es noch vier weitere Bereiche, die jeweils einem Thema zugeordnet sind: den Garten der Erinnerung, den Garten der Verbundenheit, den Garten der Farben und den Garten der Natur. In Letzterem tummeln sich zahlreiche Bienen und Hummeln in einem Insektenhotel, ein **Windspiel** klappert währenddessen seinen beruhigenden Klang im Hintergrund.

Im Zentrum des Gartens befindet sich eine **Rundbank** um einen kleinen Baum herum. Von hier aus kann der Blick in alle Richtungen schweifen und in jedem Bereich etwas Neues entdecken. So besteht eine der integrierten **Steinskulpturen**

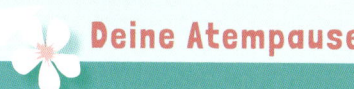

aus zehn Schiffsbäuchen, die übereinandergestapelt sind. Auf dem obersten ist ein Segel gesetzt. Wer in diesem Areal seine letzte Ruhe findet, wird namentlich auf einem der Schiffe verewigt. Zahlreiche dieser Skulpturen gibt es zu finden. Sie fügen sich alle in ein harmonisches Bild. Beim Betrachten dieses liebevoll angelegten Gartens stellt sich ein ruhiges Gefühl ein. Der Tod ist ein Teil des Lebens und darf hier auch mit Wohlwollen betrachtet werden. Und es scheint, als sei man nicht allein mit seinen **Gedanken**. Denn fast wie auf ein Zeichen zwitschern auf einmal eine Amsel und ein kleiner Zaunkönig um die Wette und ein Eich-

hörnchen springt von Ast zu Ast. Kurz hält es inne und blickt mir mit seinen wachen, braunen Augen direkt ins Gesicht.

Memoriam-Garten Südfriedhof
Eingang: An der
Vehlingshecke Feld 46B
40221 Düsseldorf
www.memoriam-
garten-duesseldorf.de

Für Dich!
In der Ruhe liegt die Kraft

Ruhe, die das Herz umarmt

Mit Meditation das Bewusstsein für den Körper schärfen

Meditation wird häufig mit Entspannung gleichgesetzt und ist doch so viel mehr. Denn beim Meditieren bleibt der Geist wach. Sollte er abdriften, so wird er wieder zurückgeholt zum Kern der Meditation. Die wohl bekannteste Art der Meditation ist, sich auf seinen Atem zu fokussieren, indem man beispielsweise erspürt, an welcher Stelle im Körper der Atem am deutlichsten zu fühlen ist. Das kann an den Nasenlöchern sein oder im Brust- oder Bauchraum. Es kann aber auch sein, dass man besonders merkt, wie sich die Schultern beim Ein- und Ausatmen heben und senken. Hier gibt es kein Richtig und kein Falsch, da jeder Mensch ein anderes **Bewusstsein** für sich und seinen Körper hat.

Gelingt es, zunehmend öfter und in längeren Phasen mit seiner **Aufmerksamkeit** beim Ein- und Ausatmen zu bleiben, so hat das Gehirn die Chance, ein Gleichgewicht zwischen linker und rechter Gehirnhälfte zu erzeugen. Die linke Gehirnhälfte ist zuständig für unser rationales Denken, für das Sprechen und Schreiben. Die rechte Gehirnhälfte ist verantwortlich für alles Emotionale, für einen Teil unserer Intuition, für die Fantasie und unsere Gefühle.

Es geht darum, der rechten Gehirnhälfte mehr Raum zu geben, um den gegenwärtigen Moment deutlich wahrzunehmen, ohne dass die linke Gehirnhälfte rational eingreift und deutet.

Kurz vor dem Einschlafen oder nach dem Aufwachen befinden wir uns genau in einer solchen Phase, die auch **Alpha-Zustand** genannt wird. Durch Meditation kann es gelingen, im Alltag öfter in den Alpha-Zustand zu gelangen. Und dies kann wiederum dazu führen, dass man sich wohler mit sich und in seinem Körper fühlt, weil man sich häufiger im gegenwärtigen Moment befindet, statt sich mit der Vergangenheit oder der Zukunft zu befassen. Mittlerweile belegen immer mehr Forschungsergebnisse, welch positiven Einfluss regelmäßiges Meditieren auf den Gesundheitszustand hat.

Meditation für ein ruhiges Herz:

- Setze dich aufrecht hin, schließe deine Augen und lege deine linke Hand auf dein Herz.
- Winkele den rechten Arm so an, dass die Handfläche nach vorne zeigt. Daumen und Zeigefinger der rechten Hand berühren sich.
- Atme nun durch die Nase ein und halte für einen kurzen Moment den Atem an, bevor du dann wieder durch die Nase ausatmest. Mache auch nach dem Ausatmen eine Pause, bevor du erneut einatmest.
- Verlängere die Pausen so, dass du dich ganz ruhig fühlst.
- Beende die Meditation nach ein paar Minuten, indem du einmal tief ein- und ausatmest und dann wieder deine Augen öffnest.

ESPRESSO .... € 2,00
SINGLE .... € 2,50
DOUBLE ....

ESPRESSO & MILK ...... € 3,90
CAFFE LATTE .... € 3,50
CAPPUCCINO .... € 3,80
FLAT WHITE .... € 2,30
ESPRESSO MACCHIATO ... € 3,40
CORTADO ....

- PLANT based Food !!!
NOT COWS!
-SOYA
CASHEW
-ALMOND
COCONUT

.... € 4,00
.... € 4,00

12 KAFFEE UNTER PALMEN

Das Lina's Coffee passt wunderbar hierher an den Fürstenplatz – stilvoll und mit viel Liebe zum Detail eingerichtet. Hier trinkt man gerne seinen Kaffee und freut sich über das leckere Essen.

Von allen Seiten gut zu erreichen ist das Café von Lina. Ab und zu bekommt der Gast sie auch zu sehen, wenn sie hinter der mit Leckereien bestückten Theke den Kaffee für ihre Gäste zubereitet und das nicht nur leidenschaftlich, sondern auch mit viel **Liebe zum Detail.** So wird der Milchkaffee in einem großen, getöpferten Becher serviert, bei dem sofort zu ertasten ist, dass er nicht aus einer Fabrik stammt, sondern handgemacht ist. Zu kaufen gibt es ihn nicht, sondern er wurde, wie noch ein paar weitere Unikate, von einer Freundin extra für Lina's Coffee angefertigt. Mit dieser Informa-tion schmeckt der Light Roasted Coffee einer privaten Rösterei doch gleich noch runder, vollmundiger, einfach besser.

Spielt das Wetter mit, lässt es sich gut draußen auf der Terrasse sitzen. Dort hat man zwar das Gefühl, mittendrin zu sein, aber trotzdem umgibt einen auch eine **friedliche Ruhe.** Neben noch kleinen Palmen ziert jeden Tisch eine Vase mit zwei, drei nur scheinbar willkürlich zusammengesteckten Blumen. Einfach nur wunderschön, ohne zu akkurat zu sein.

Besonders ist auch, dass sich die **Milchauswahl** für den Tee und Kaffee über ein breites Angebot erstreckt. Hafer-,

Deine Atempause

Mandel- oder Kokosnussmilch lassen sich als einige Sorten nennen, nur eine Milch fehlt definitiv. Kuhmilch ist ausschließlich den Kälbern vorbehalten. Das große vegane Angebot, auch bei den Mittagsgerichten und beim Kuchen, folgt keinem speziellen Konzept. Vielmehr ist Lina dabei der Nachfrage ihrer Kunden gefolgt. Vegan ist aber kein Muss! Beim leckeren Frühstück, welches sogar langschläfertauglich bis 15 Uhr serviert wird, stehen Lachs oder Rührei mit Speck ebenso auf dem Programm. Wer dieses gegessen hat, ist eigentlich richtig satt und gut gefüllt mit qualitativ hochwertigen, **regionalen Produkten.** Nach dem Frühstück fragt die Frau am Nachbartisch ihre Freundin: „Ist es eigentlich noch zu früh für Kuchen?" „Auf gar keinen Fall", denke ich mir, schmunzele und beiße genüsslich in meine Zimtschnecke.

 Lina's Coffee
Brew Bar & Deli
Fürstenplatz 1
40215 Düsseldorf
Tel. (01 74) 2 57 51 53

Für Dich!
Frische Köstlichkeiten in stilvollem Ambiente

13 WO DER STEIN-KAUZ RUFT

Das Naturschutzgebiet Himmelgeister Rheinbogen hat etwas so Ursprüngliches, dass man dort mehrere Stunden verbringen kann, ohne zu merken, wie viel Zeit vergangen ist.

Auch wenn man das Naturschutzgebiet gut mit dem Bus erreichen kann, ist der Parkplatz am Kölner Weg ein idealer Ausgangspunkt, um von dort einen ausgiebigen Spaziergang durch das Gelände zu unternehmen. Wer mag, kann direkt daneben mit dem nahe gelegenen Park beginnen. In diesem steht das Schloss Mickeln, welches heute von der Heinrich-Heine-Universität als Gäste- und Tagungshaus genutzt wird. In dem idyllischen grünen Gelände lassen sich gut ein paar Schritte gehen, bevor man dann über den Zufahrtsweg des Schlosses zum Wohngebiet gelangt. Hier erinnert eine Steinsäule daran, dass der natürliche Lauf der Itter, die einst hier floss, im 18. Jahrhundert verändert wurde, um die Wasseranlagen des Benrather Schlosses zu speisen. Der Bach wird hier immer noch vermisst, aber Trost spenden sicherlich die Nähe zum Rhein und die teils atemberaubenden Ausblicke. Durch den kleinen Stadtteil Itter verlaufen schmale Gassen und ab und an erinnert man sich an das Versteckspiel aus Kindertagen, wenn man die uneinsichtigen Wege entlanggeht.

Schließlich kann man eintauchen in die Schönheit des Naturschutzgebietes.

Es gibt einen beschilderten Rundweg, der wiederum in der Nähe des Parkplatzes beginnt. Diesem kann man folgen, wenn man möchte. Dadurch dass bei Hochwasser Teile des Gebietes überflutet werden, gibt es hier eine Auenlandschaft von außergewöhnlicher Vielfalt und Schönheit. Diese bietet vielen bunten Blumen Lebensraum, zum Beispiel findet man hier Herbstzeitlose, Wiesensalbei oder Glockenblumen. 19 der über 300 verschiedenen Pflanzen, die in diesem Gebiet wachsen, sind bedroht. Umso schöner zu wissen, dass hier ein Raum besteht, in dem sie in Ruhe gedeihen können. Geprägt ist der Himmelgeister Rheinbogen von zahlreichen knorrigen Kopfweiden. Durch das stetige Zurückschneiden der

Äste erhalten sie ihre typische Kopfform. Viele Höhlenbrüter lieben ihre Stämme zum Nisten. Und wenn man Glück hat, kann man tatsächlich auch einmal einen kleinen Steinkauz oder den Gartenrotschwanz entdecken, bevor man dann wieder den Heimweg antritt.

Naturschutzgebiet Himmelgeister Rheinbogen

Kölner Weg (Parkplatz)
40589 Düsseldorf

Für Dich!

Hier vergeht
die Zeit wie im Flug

14 GRÜNE OASE IM ZENTRUM

Der Hofgarten gilt als erster Volksgarten Deutschlands. Den Düsseldorfern war es also schon immer wichtig, einen Ort mitten in der Stadt zu haben, an dem sie Erholung suchen und Ruhe finden können.

Der Hofgarten bildet ein grünes Zentrum inmitten von Altstadt und Rheinufer, Autoverkehr und Einkaufsstraßen. Somit ist er ein wichtiger Anlaufpunkt für all diejenigen, die durchatmen und **entschleunigen** möchten.

Der älteste Teil des Hofgartens wurde bereits 1769 angelegt und seitdem hat sich sein Bild immer wieder verändert. Eine der größten Umgestaltungsmaßnahmen fand zu Beginn des 19. Jahrhunderts statt. Bei der Entfestigung Düsseldorfs wurden die Gräben der Bastion Landskrone zum Weiher umgewandelt. **Enten** und **Schwäne** finden diesen großartig und

sind hier zahlreich vertreten. Sie werden auch besonders gut umsorgt. Im Schwanenhaus kümmert man sich bei widrigen Wetterbedingungen um die Tiere. Kranke Schwäne, Gänse und Enten können hier ebenfalls Unterschlupf finden.

Aus dem Bauschutt, der bei der Entfestigung anfiel, wurden im Hofgarten insgesamt drei Hügel angelegt. Einer davon ist der sogenannte Ananasberg. Auf dieser Anhöhe stand einmal ein Ausflugslokal, in dem der Hofkonditor seine Kuchen und Torten anbot und die Düsseldorfer Bevölkerung viel Platz fand, diesen im **grünen Ambiente** zu genießen. Prinz

Friedrich von Preußen war derzeit wohl ein großer Liebhaber von Ananasbowle und so wurde dem Gebäude eine große Ananas auf das Dach gesetzt. Heute ist zwar weit und breit keine Ananas mehr zu sehen, doch der Name ist erhalten geblieben.

Vom Ananasberg hat man im Sommer nicht nur ein wunderbar blumiges und schattiges Plätzchen, sondern auch einen **Panoramablick** über den Weiher. Dabei sieht man das Ende der Königsallee durch das Grün hindurch und den Kö-Bogen in voller Pracht. Vorbeischauen oder aus der Nähe betrachten darf man die Skulptur „Der Mahner" von Wadim Sidur.

„Der Mahner" formt die Hände in Kopfhöhe zu einem Trichter und ruft seine Mahnungen in die Welt. Die Ideen dazu, welche dies genau sein könnten, bleiben dem Betrachter selbst überlassen.

Ananasberg im Hofgarten
40213 Düsseldorf
www.duesseldorf.de

Für Dich!
Im Hofgarten entspannen mit Blick auf die Stadt

15 WASSER-SPIELE

Im Herbst und Winter geht es ruhig zu im Sternwartpark, der auf dem Gelände des ehemaligen alten Bilker Friedhofs liegt und daher bei den meisten nur unter dem Namen Alter Friedhof bekannt ist.

Wenn Kinder dort auf den Wiesen spielen, dann sind sie dick eingepackt und geschützt vor Wind und Wetter. Bahnen sich jedoch die ersten **Sonnenstrahlen** ihren Weg durch die Wolkendecke, dann fiebern alle bereits der Zeit entgegen, wenn die Außentemperatur hoch genug ist, um die Wasserspiele zu beginnen.

Dass Kinder ihre Freude daran haben, durch das Wasser zu toben, ist verständlich, aber auch als Erwachsener hat es durchaus seinen Reiz und lässt **Erinnerungen aus der Kindheit** wieder wach werden. Wer unter der Woche im Sommer den richtigen Zeitpunkt wählt, der hat die Gelegenheit, selbst auf die großen Knöpfe zu drücken, die das Signal geben: Wasser marsch! Am späten Vormittag oder am frühen Nachmittag ist es meist noch verhältnismäßig ruhig und die Füße können ausgiebig baden. Wer aber mutiger ist, kann die **Wasserfontänen** starten oder durch den Sprühnebel laufen.

Es ist einfach **wunderbar** zu spüren, wie die mal dickeren, mal zarteren Tropfen auf Haut und Haaren landen. Und wenn dann das Wasser auf den heißen Steinplatten verdunstet, dann entsteht dieser typische Geruch des Sommerregens.

Zum **Pausieren** lädt ein Pendant der Florabar aus dem Florapark ein. Dieses öffnet allerdings unter der Woche erst ab dem Nachmittag seine Pforten. Dort gibt es Kaffeevariationen, gekühlte Getränke und so manches für den kleinen und etwas größeren Hunger. Alternativ dazu kann man natürlich auch seine **Picknick-decke** auf einer der vielen Wiesenflächen ausbreiten und sich selbst verpflegen.

Danach kann man dann einfach alle viere von sich strecken und den Blick in den Himmel schweifen lassen, die vorbeiziehenden Wolken beobachten. Sah die Wolke da eben nicht aus wie ein Dinosaurier und die kleine dort hinten nicht wie ein Gartenzwerg?

Wasserspielplatz Sternwartpark
(Alter Bilker Friedhof)
Volmerswerther Straße 130
40221 Düsseldorf

Für Dich!
Ein perfekter Sommertag

16 LEGENDÄRE STEINE

Manchmal findet man sie auf Anhieb, ein anderes Mal sucht man sie vergebens. Dies kann kein Zufall sein. Sicher ist, dass es etwas auf sich haben muss mit diesen sieben Quarziten mitten im Wald.

Um die Frauensteine im Aaaper Wald ranken sich verschiedene Mythen und Sagen. Hat man die sieben Steine im Wald auf einer Anhöhe gefunden, spürt man sofort, dass dies ein besonderer Ort sein muss. Die Baumstämme sind mit Moos bewachsen. Die Farne, die um die Steine herum wachsen, leuchten besonders grün und es herrscht eine **dichte Atmosphäre.** Auch wenn schon viele Menschen hier gewesen sind und teilweise ihre Spuren, wie Einritzungen, in den Steinen hinterlassen haben, ist der Ort immer noch besonders kraftvoll.

Eine **Legende** besagt, dass der Ur-Rhein so viel Wasser hatte, dass er über die Ufer trat, bis er schließlich das ganze Land überflutet hatte. In ihrer Angst flohen die Menschen in den Aaper Wald, so hoch sie konnten, und errichteten auf einer Anhöhe einen Altar aus Steinen. Um Odin beziehungsweise Wotan, den höchsten Gott der Germanen, zu bitten, das Wasser zurückzurufen, opferte eine Priesterin auf diesem Altar ihr schneeweißes Lieblingspferd.

In einer weiteren Sage wird erzählt, dass weiß gekleidete Priesterinnen bei heidnischen Opferfesten an dieser Stelle gezaubert und **Weissagungen** gemacht haben sollen. Im Zuge der Christianisierung soll dann der Altar auseinandergerissen worden sein.

Einer dritten Erzählung nach sollen sieben Frauen, nachdem sie von einem Gericht verurteilt worden waren, in Steine verwandelt worden sein. Daher werden die Frauensteine im Volksmund auch „Sibbe Steen" genannt. Das heißt in etwa „Sieben Steine". Eine andere Bezeichnung ist „Witte Wiewerkes", was „weise" oder „weiße Frauen" bedeutet.

Da es keinerlei archäologischen Funde oder fundierte Niederschriften gibt, sind diese Legenden zwar nicht wissenschaftlich untermauert, trotzdem gelten die Frauensteine als besonderer Kraftort.

An **Kraftorten** kann man neue Energie schöpfen. Es kann aber vorkommen, dass die Energie des Ortes nicht zu einem passt, dann wirken solche Orte mehr erschöpfend als energetisierend. Herausfinden kann man dies nur im Selbstversuch – also los.

Frauensteine (Quarziten)
im Aaper Wald
Wilhelm-Suter-Pfad
40472 Düsseldorf
www.duesseldorf.de

Für Dich!
Ein Kraftort, um den sich viele Sagen ranken

17 KREATIVER MITTAGSSNACK

Sich gut ernähren, wenn man nicht selbst frisch kochen kann, ist gar nicht so einfach. Dass es trotzdem schnell und lecker gehen kann, beweist der kleine Marktstand auf dem Carlsplatz.

Das Hin & Weg vom Carlsplatz soll ein Angebot sein für alle, die mittags gut, frisch und gesund essen wollen. Wenn man mit den Inhaberinnen des Standes spricht, dann fällt eines sofort auf: Alles dreht sich rund ums Kochen und **Genießen**. Als Basis für die große Auswahl an Salaten dienen dabei grundsätzlich Kartoffeln, Nudeln, Linsen oder Couscous. Und dann wird es kreativ. Es gibt in der Küche von Claudia Holtschneider und Annette Jacobs keine festen Rezepturen. Vielmehr wird geschaut, was der **Wochenmarkt** gerade hergibt und dann wird ausprobiert, was gut zusammen harmoniert. Dabei kommen schon einmal Salatvariationen wie Rote Linsen mit Fenchel, Schafskäse, Granatapfel und Grenadine-Orangen-Dressing oder Kartoffeln mit geröstetem Blumenkohl, Kirschtomaten, rosa Pfeffer und grobem Senf-Kerbel-Dressing heraus. Es wird gewürzt mit Bergphysalis oder Lavendel und zwar nicht, weil es exotisch ist oder klingt, sondern weil es gut zusammenpasst.

Neben den Salaten gibt es immer eine Auswahl von mehreren Quichesorten. Die Quiches von Hin & Weg haben ihren eigenen, ganz **besonderen Geschmack.** Der Teig ist nämlich kein Blätter-, sondern ein

SCHNELLUNDLECKER

Mürbeteig. Hier wird ebenfalls variiert. Es gibt beispielsweise Chorizo mit gerösteter Süßkartoffel und Schafskäse, aber auch eine Quiche mit Chicorée, Birne und Ingwer. Da klingt die Variante Zucchini mit getrockneten Tomaten und Pinienkernen schon fast langweilig.

Dass es ein großes **vegetarisches Angebot** gibt, ist weniger Absicht, sondern vielmehr der Tatsache geschuldet, dass auf regionale und saisonale Produkte zurückgegriffen wird. Wer Fleisch essen mag, der bekommt am Stand auch wunderbar leckere Frikadellen. Da diese im Backofen zubereitet werden, sind sie leichter bekömmlich als die gebratene Variante.

Suppen gibt es am Stand am Carlsplatz nicht. Wer aber trotzdem eine Fenchel-Orangen-Suppe mit Forellenfilets oder eine Steckrübensuppe mit Pesto und Walnüssen probieren mag, der kann einfach das Lokal von Hin & Weg in der Schleife 17 in Oberkassel besuchen.

Hin & Weg

Claudia Holtschneider und Annette Jacobs, Carlsplatz Stand G1, 40211 Düsseldorf www.hinundweg-catering.de

Für Dich!
Frisch und besonders essen

18 MUSIKALISCHE MAHLZEIT

Wo ist so etwas möglich? Die Pause in der Kirche verbringen und dabei das Mittagessen genießen. Bei wunderbaren Orgelklängen in der Johanneskirche schmeckt das Butterbrot gleich nochmal so gut.

Jeden Mittwoch um 12.30 Uhr öffnet die Johanneskirche ihre Pforten, um die Düsseldorfer mit wundervoller Orgelmusik zu beglücken. Das Konzept dahinter ist so **einfach wie schön.** Die wöchentlichen Konzerte sollen Gelegenheit dazu bieten, in kulturellem Ambiente seine Mittagspause zu genießen. Angesprochen sind aber längst nicht nur Berufstätige. Der Kirchenraum füllt sich mehr und mehr mit kleinen Grüppchen, die sich allwöchentlich dort verabreden, aber auch mit einigen Touristen, die beim Sightseeing die Johanneskirche besichtigen, mit Spaziergängern, die spontan

hereinschauen und mit Menschen, die gerade voll bepackt von einer Shoppingtour aus der Innenstadt kommen.

Zur **Mittagspause** gehört das obligatorische Pausenbrot. Wer keine Möglichkeit hatte, sich am Morgen selbst eines zu belegen, kann sich im Kirchencafé im Vorraum noch ein Brötchen kaufen. Die Speisen dürfen sogar während des **Konzertes in den Kirchenbänken** verzehrt werden. Das ist ungewöhnlich und es mag so manchen etwas Überwindung kosten, in einem solch andächtigen Rahmen herzhaft zu essen. Ganz automatisch wird dann der Biss ins Brot zur **Acht-**

samkeitsübung. Langsam und bewusst verzehrt, schmecke ich auf einmal nicht nur die Gesamtkomposition, sondern jede einzelne Komponente der Zutaten heraus. Kauen und Schlucken laufen nicht automatisch ab, sondern werden bewusst und in Ruhe ausgeführt.

Nicht nur einmal lässt die Orgelmusik, die den Raum bis in alle Ecken füllt, das Essen vergessen. Das **Lauschen** steht ganz klar im Vordergrund. Hohe und tiefe, fröhliche und melancholische Klänge wechseln sich ab und sprechen so verschiedene Emotionen und Körperempfindungen an. Die halbe Stunde verfliegt unter Toccata und Improvisation viel zu schnell und hinterlässt nach Erklingen des letzten imposanten Tons ein andächtiges Gefühl. Nachdem der Applaus verhallt ist, kann man sich ruhig Zeit lassen, um sich bereit zu machen und – ganz und gar entschleunigt – wieder in das trubelige Stadtleben einzutauchen.

Lunch–Time–Orgel
Johanneskirche
Martin-Luther-Platz 39
40212 Düsseldorf
www.johanneskirche.org

Für Dich!
In der Mittagspause
Orgelmusik hören

19 BLUMIGE FARBKLECKSE

Neben den Wegen rund um den Spiegelweiher ist auch der Kräutergarten ein beliebter Platz im Benrather Schlosspark. Der Parterregarten neben der Orangerie ist jedoch eine ganz besondere Augenweide.

Ursprünglich als Lustgarten gedacht, blühen seit dem 17. Jahrhundert in dem schönen Parterregarten im Benrather Schlosspark die farbenprächtigsten Blumen. Dies ist noch gar nicht so lange der Fall. Denn zwischenzeitlich war der Garten regelrecht verfallen, wurde als **Baumschule** genutzt und war dann lediglich noch eine Rasenfläche.

Durch Infrarotaufnahmen und archäologische Ausgrabungen wurde herausgefunden, wie der Garten ursprünglich angelegt war, sodass er heute wieder in seiner Ur-Form kostenlos besucht werden kann.

Der Parterregarten ist wunderschön anzusehen. Es gibt eine vielfältige Mischung an Blumen und Blütenfarben. Diese wirken jedoch nicht wie ein Durcheinander, sondern fügen sich harmonisch zueinander. Verschiedene Rosenarten blühen gleichermaßen um die Wette neben Tulpen und prächtigen Dahlien. Kleine Stiefmütterchen umrahmen das Ganze hier und da. Und zwischendrin sind regelmäßig allerlei Blumen wie auf einer **bunten Sommerwiese** zu finden. Geht man zwischen den einzelnen Karrees umher, gelangt man im Zentrum des Gartens immer wieder zu dem großen Steinbrunnen.

Wer denkt, es sei an diesem Ort ganz still, der hat sich geirrt. Von allen Seiten erklingt ein Summen und Brummen zu einem **einzigartigen Konzert** und die Bienen fliegen mit den Hummeln von Blüte zu Blüte. Dabei bleiben sie ganz gelassen, denn sie wissen scheinbar: Es ist genug für alle da.

Symmetrisch angeordnet stehen in dem Garten die Sitzbänke aus Holz oder Stein, die dazu einladen, diese Augenweide aus **verschiedenen Perspektiven** zu betrachten. Dies lohnt sich, weil die Farben unterschiedlich ineinander verlaufen, je nachdem von welcher Seite man den Garten neben der Orangerie erblickt. Es tut gut, die Augen zu schließen und diesen Garten nur zu spüren. So kann man die Geräusche und Blumendüfte besonders gut wahrnehmen. Und wenn man dann erneut die Augen öffnet und die **Farbenpracht** in sein Bild integriert, schließt sich der Wahrnehmungskreis zu einem wunderschönen Ganzen.

 Parterregarten neben der Orangerie Schloss Benrath
Urdenbacher Allee 6
40597 Düsseldorf
www.schloss-benrath.de

 **Für Dich!**
Sich an Naturkonzert und Blumenpracht erfreuen

Iss Dich glücklich

Achtsames Essen oder wie man das Essen zum Erlebnis macht

Achtsam zu essen, hat nichts mit einer Diät gemein. Es geht im wahrsten Sinne des Wortes darum, mehr auf sein Bauchgefühl zu hören. Bei der Auswahl der Zutaten und beim Kochen ganz auf seine Intuition zu vertrauen, gehört dabei ebenso dazu wie das Essen selbst.

Wer achtsamer essen und genießen möchte, für den lohnt es sich, einmal zu überlegen, wann es ihm in der Regel am besten schmeckt. Meist ist dies der Fall, wenn mit **frischen Zutaten** gekocht wird, diese vielleicht sogar auf dem Bauernmarkt um die Ecke eingekauft werden. Es kann aber auch sein, dass das beste Geschmackserlebnis genau dann ist, wenn es wie bei Mama schmeckt oder vielleicht ein anderer lieber Mensch eine leckere Mahlzeit für einen zubereitet hat. Genauso kann es sein, dass man am liebsten in **angenehmer Atmosphäre** speist, wenn es gemütlich ist, Kerzen brennen oder Blumen den Tisch dekorieren. Das sind Anhaltspunkte dafür, wie man sich ein solches Esserlebnis selbst schenken kann. Ich kann dafür sorgen, dass die Nahrungsmittel frisch sind, dass ich ein Rezept von Mutter oder Oma nachkoche, oder dass ich mein Essen in angenehmer Umgebung zu mir nehme.

Was dann aber entscheidend ist, ist der **Moment des Essens** selbst. Bin ich genau jetzt darauf eingestellt, mich ausschließlich auf das Essen zu konzentrieren oder lenkt mich noch etwas ab? Das können äußere Reize wie Handy, Laptop oder Fernseher sein. Das kann der Baulärm von draußen oder der Wäscheständer im Raum nebenan sein. Und selbst wenn all diese Ablenkungen ausgeschlossen sind, können auch die lauten Gedanken im Inneren ablenken, wenn sie unaufhörlich plappern und mir ständig wichtigere Prioritäten suggerieren wollen.

Eine Möglichkeit, seine **Wahrnehmung** auf das Essen zu lenken, ist es, erst einmal nur den allerersten

Bissen achtsam einzunehmen. Dazu kann ich mir zunächst genau anschauen, was ich essen möchte. Welche Farben und Formen kann ich auf dem Teller entdecken? Ich kann auch erschnuppern, wie das Essen duftet. Kann ich einzelne Komponenten wie Kräuter und Gewürze herausfiltern? Ich kann ganz bewusst etwas von meinem Gericht auf die Gabel nehmen, ohne diese zu überladen. Erst dann führe ich diese langsam zum Mund, ertaste mit den Lippen die Konsistenz, bevor der Bissen letztendlich im Mund landet. Dann nehme ich mir noch einmal die Zeit dafür, bewusst einzelne Gewürze und Aromen zu schmecken, wahrzunehmen, wie sich diese im Mund zu einer Einheit vermischen und dann ganz langsam zu kauen.

20 HEUTE IST MARKTTAG

Seit vielen Jahren gibt es mitten in Unterbilk auf dem schönen Friedensplätzchen einen kleinen Bauernmarkt. Dass er so klein und überschaubar ist, macht ihn sowohl besonders als auch persönlich.

Wer bereits zum zweiten Mal hier einkauft, wird direkt wiedererkannt und von der Marktgemeinschaft herzlich begrüßt. Bevorzugte Apfelsorte, Gemüsevorlieben und Eigenheiten bei der Warenauswahl sind bekannt und für Stammkunden wird auf **Wunsch** selbstverständlich ein selbst zubereiteter Joghurt beiseitegestellt.

Es bereitet ein angenehmes Gefühl, Nahrungsmittel hier einzukaufen. Alles ist frisch und aus **regionalem Anbau** beziehungsweise aus eigener Herstellung. Je nach Jahreszeit leuchten Kürbisse und Äpfel in Orange- und Rottönen oder Sa-

late und allerlei Kohlsorten in kräftigem Grün, ansprechendem Weiß oder strahlendem Violett.

Der kleine Stand vom Herveshof aus Rheurdt wird betrieben von zwei zugewandten Schwestern der Familie Benger. Hier gibt es Eier von Freilandhühnern und aus ebendiesen selbst hergestellten Eierlikör, der wunderbar zu Süßspeisen passt, aber auch pur ein **Genuss** ist. Die Marmelade der Schwestern ist ebenfalls selbst gemacht und die verschiedenen Beerensorten sind einfach nur köstlich. Daneben ist meist der Honig aufgebaut. Regionaler geht es nicht. Jeder kann lesen, dass er von Bienenvölkern stammt, die am Himmelgeister Rheinbogen, um die Arena herum oder in Hamm auf der Suche nach Blütenstaub waren. Wenn die Bienen an den heimischen Pflanzen **naschen** und den Nektar zusammentragen, ist das auf jeden Fall ein großer Vorteil. Verträgt der Mensch doch das am besten, was um ihn herum wächst und gedeiht.

Ein ganz besonderer Hingucker sind die jahreszeitlich gestalteten Dekorationsartikel und Mitbringsel aller Art. Ob Mobiles, Windlichter oder auch die Klappkarten von Adelheid Thillosen. An diesen kann man einfach nicht vorbeigehen. Jede Karte ist ein kleines **Kunstwerk** für sich. Hauptakteurin auf den Aquarellbildern ist in der Regel ein Huhn in verschiedenen Lebenslagen. Aus dem Sinn will mir vor allem folgender Spruch nicht mehr gehen: „Heute lebe ich. Morgen putze ich. Vielleicht." Das werde ich mir ab heute unbedingt zum Vorbild nehmen.

Bauernmarkt Friedensplätzchen
40219 Düsseldorf
www.bauernmarkt.
netzwerkagrarbuero.de

♡ Für Dich!
Obst und Gemüse kaufen in herzlicher Atmosphäre

21 GRENZÜBER-SCHREITEND

Etwa bei Rheinkilometer 764 trifft die nördliche Düsseldorfer Stadtgrenze auf die südliche von Duisburg. Für kurze Zeit weiß man nicht, in welcher Stadt man ist, doch die gelben Schilder helfen weiter.

Es ist eine schöne Strecke für Spaziergänger und eine sehr beliebte für Fahrradfahrer. Auf einem sehr langen Stück geht es hier am Rhein entlang und das mit unverbautem Blick. Es ist ein **Sonnenplatz**. Wenn die Sonne scheint, dann hier besonders intensiv. Denn es stehen keine Hindernisse im Weg. In einer nahe gelegenen Gartenwirtschaft kann man sich Stühle ausleihen und sich damit einen Platz am etwas höher gelegenen Aussichtspunkt sichern. Von hier aus sieht man nicht nur die große 764 des Rheinkilometers, sondern auch die riesigen Containerschiffe, die vom Duis-

burger Hafen aus wieder in die Heimat fahren. Manche sind noch voll beladen und steuern dann wohl eher den Düsseldorfer Hafen an.

Ab und an fährt ein Ausflugsdampfer vorbei und man sieht die ausgelassen wirkenden Menschen. Auf Augenhöhe steht man sich gegenüber und winkt sich gegenseitig zu, nicht nur aus Reflex, sondern vor allem weil man sich freut, dass die anderen Menschen auch so **fröhlich** sind. Manchmal aber passiert gar nichts und das sind dann die ganz besonderen Momente. So nah am Rhein und scheinbar so nah an der Sonne, ist man intensiv

verbunden mit der Erde, mit dem Land, mit der Stadt.

Die Menschen, die das ebenso sehen und spüren, setzen gern ein Zeichen und legen einen Stein ab. Dann kommt noch einer hinzu und noch einer. Es entsteht eine gemeinschaftliche Skulptur. Derjenige, der neu anhält, sei es in Düsseldorf oder in Duisburg oder genau in der Mitte, legt seinen Stein dazu, formiert gegebenenfalls nochmal um und schon hat sich die **Skulptur** wieder verändert. Der Blick bleibt unwillkürlich an diesem Platz hängen, wenn man vorübergeht. Die Schritte werden langsamer und man überlegt, wie man einen Teil dazu beitragen kann. Gerade will man einen Stein greifen, da zieht

eine Schnecke genau dort ihren Weg. In aller **Seelenruhe** kann man ihr zusehen, wie sie davonkriecht in Richtung Grün. Jetzt ist der Stein frei und wird ein Teil des Nord-Süd-Bildwerks.

 Übergang Düsseldorf-Duisburg
Am Hasselberg 290
40489 Düsseldorf

Für Dich!
Am Rhein entspannen: Schiffe, Sonne, Steinskulptur

22 EIN TOR ZUR RUHE

Sternförmig laufen fünf Straßen auf sie zu. Dabei steht sie ruhig und bodenständig im Zentrum und bildet einen stillen Gegenpol zu den Lädchen und gut besuchten Lokalen außen herum: die Martinskirche.

Wer vor dem Sakralgebäude steht, das die Düsseldorfer im Volksmund Bilker Kirche nennen, an dem rauscht das Leben im wahrsten Sinne des Wortes einfach vorbei. Die Straßenbahn bimmelt, die Autos halten hintereinander an der Ampel und um die Ecke braust noch schnell ein Krankenwagen. Die Menschen sitzen in Cafés und plaudern, Kinder werden vom nahe gelegenen Kindergarten abgeholt und fast wäre einem doch noch ein Fahrradfahrer über die Füße gerollt.

Manchmal ist gerade dieser Trubel erfrischend, doch es gibt auch Tage, an denen es **Gold wert** ist, sich diesem

entziehen zu können. Das gelingt hier im Handumdrehen. Die Seitentür der Martinskirche scheint in dem Moment wie ein Tor zu einer anderen Welt. Schließt man die Tür hinter sich, so erklingen die Alltagsgeräusche nur noch dumpf und wirken geradezu beruhigend. Dezent und doch wahrnehmbar ist der typische Kirchengeruch, eine Mischung aus warmem Holz und Weihrauch. Nun kann man **einfach „sein"** und die dichte Atmosphäre wahrnehmen. Es bietet sich an, langsam und bewusst einige Schritte durch den kleinen Raum zu gehen und dabei nur auf sich zu achten. Bei der Marienstatue im

hinteren Bereich ist es möglich, ein Licht zu entzünden und sich dabei voll und ganz auf das zu fokussieren, was einen gerade bewegt. Zum längeren Verweilen lädt das kleine, alte Kirchenbänkchen in einer Nische ein. Hier lässt es sich einfach nur sitzen oder ein Gebet sprechen. Vielleicht zieht die Aufmerksamkeit auch zum **Licht** der flackernden Kerzen?

Ein dickes Buch liegt bereit, in dem sich schon viele Menschen vorher verewigt haben. Es bietet die Gelegenheit, sich etwas von der **Seele** zu schreiben. Ob es nun wirklich Kummer ist oder eher ein Wunsch oder ein Dank – Vorgaben gibt es für das Schreiben keine.

Bevor es nun wieder weitergeht im alltäglichen Trubel, noch einmal tief durchatmen, Kraft tanken, bewusst die Tür öffnen. Oder doch noch eine Bahn später nehmen?

Kirche Sankt Martin (Bilker Kirche)
Bilker Allee/Neusser Straße
40219 Düsseldorf

Für Dich!
Zu sich finden in der Martinskirche

23 FREIHEIT FÜR DIE FÜSSE

Die Füße einmal ganz bewusst fühlen, jeden einzelnen Zeh wahrnehmen, die Kontur spüren. Und sich keine Gedanken darüber machen, ob es richtig oder falsch, angemessen oder unangemessen ist.

Der größte Barfußpfad in der Umgebung Düsseldorfs liegt nicht weit entfernt im Neusser Stadtteil Selikum. Er liegt direkt an der Erft inmitten des Neusser **Hochzeitshains,** auf dem in den letzten 25 Jahren bereits zahlreiche heimische Gehölze wie Hain- oder Rotbuchen gepflanzt wurden.

Es gibt 17 Erlebnisfelder, die alle mit einem anderen Material aufgefüllt sind. Zwischen Kies, Marmor oder Sand stellt sich recht zügig heraus, bei welchem Untergrund ein unbeschwertes Gehen möglich ist und bei welchem man gut auf das Ein- und Ausatmen achten sollte. Neigt man doch in Erwartung eines Schmerzes gerne dazu, die Luft anzuhalten. Zwischendurch gibt es sehr spitze Steinchen oder Muscheln. Da stellt dann der weichere Rindenmulch im nächsten Feld eine **gute Erholung** für die Füße dar. Auch wenn so manches Material stutzen lässt, so ist das naturnahe Gehen ein sinnliches Erlebnis. Vor schärferen Kanten sind die Füße besonders dann geschützt, wenn man sie gerade aufsetzt.

Die Felder sind kreisförmig angelegt. Wer nicht direkt noch eine Runde gehen möchte, der kann sich für eine Weile in der Mitte auf der Wiese niederlassen und nachspüren, wie stabil der Stand nun ist, wie es in den Zehen kribbelt und wie das Blut in den Venen pulsiert. Barfußlaufen fördert die Durchblutung, das ist unmittelbar zu spüren. Ein regelmäßiger Besuch des Barfußpfades würde sogar Einfluss nehmen auf die **Kräftigung** von Muskeln und Gelenken.

Zwischen Mai und Oktober wird der Barfußpfad besonders gepflegt, daher lohnt sich ein Besuch vor allem in diesen sechs Monaten des Jahres.

Wer den Besuch auf dem Barfußpfad mit einem Spaziergang verbinden möchte, kann danach dem Flussverlauf Richtung Rhein folgen oder das Gebiet um den Barfußpfad herum erkunden, in dem sich unter anderem das Wildgehege im Selikumer Park und das Schloss Reuschenberg befinden. Es ist aber auch schön, einfach nur eine Weile an der **Erft** zu sitzen und den vorbeigehenden Spaziergängern, den Kanus und Raftingbooten zuzusehen, die die Erft mal langsamer, mal schneller erobern.

Barfußpfad
Hochzeitshain am
Berghäuschensweg
41468 Neuss
www.verkehrsverein-neuss.de

Für Dich!
Für die Gesundheit über Sand und Kies laufen

24 RUHEPOL IM ROSENMEER

Wer rechts neben dem Wandrelief, das die Kurfürstin Anna Maria Luise Medici zeigt, den Weg durch das große, schmiedeeiserne Tor nimmt, der hat ihn schon fast gefunden: den Rosengarten am Stadtmuseum.

Die Kurfürstin stammte aus der bekannten Medici-Familie und hatte erheblichen Einfluss auf die Entwicklung Düsseldorfs zur **Kunststadt**. So verwundert es nicht, dass in dem Park viele imposante Kunstwerke integriert sind. In einer Wandnische lässt sich beispielsweise eine Pietà von Bernhard Sopher entdecken und etwas versteckter im Grünen findet man einen Abguss der Bronzebüste von Ferdinand Lasalle, die der Bildhauer Wilhelm Martini angefertigt hat.

Im Zentrum aber steht ruhend und bodenständig Hannelore Köhlers Skulptur der **Mutter Ey**. Mütterlich und einladend steht sie da, als wolle sie sagen: „Kommt ruhig her. Es ist genug für alle da." Und das ist es auch!

Im Sommer, wenn die Rosen blühen, ist der Rosengarten im Spee'schen Park eine wahre Augenweide. Es summt und brummt, denn Bienen und Hummeln können sich hier wahrlich sättigen an der herrlichen Auslage. **Farbenprächtig** in Rot, Weiß und Rosatönen leuchten die Rosen und duften mit dem Lavendel um die Wette. Hier ist der perfekte Ort für eine Auszeit im hektischen Trubel der Innenstadt. Zur Auswahl stehen mehrere Bänke, wahlweise mit Blick auf das

Palais Spee, ein ehemaliges rheinisches Adelshaus, in dem heute das Stadtmuseum untergebracht ist, oder in die Gegenrichtung mit **Aussicht ins Grüne**. Straßengeräusche oder Baulärm sind nur im Hintergrund wahrzunehmen. Man ist hier wirklich wie abgeschieden und doch mitten in der Stadt. Dabei hat gerade der **Rosenduft** etwas sehr Heilsames und Beruhigendes und lässt einen die kurze Auszeit so richtig genießen. Aber was ist eigentlich eine Pause genau? Die Definition im Duden lautet folgendermaßen: „Kürzere Unterbrechung einer Tätigkeit, die der Erholung, Regenerierung oder Ähnlichem dienen soll." Dieser Bedeutung wird eine Pause im Rosengarten gerecht.

Erholt und regeneriert – so fühlt man sich, wenn man sich entschließt, wieder gestärkt seine Tätigkeit aufzunehmen.

Rosengarten am Stadtmuseum
Spee'scher Park
Berger Allee/Orangeriestraße
40213 Düsseldorf

Für Dich!
Sich an Kunstwerken und Rosen erfreuen

25 WENN BÄUME ERZÄHLEN

Die Anordnung der fast 40 Baumarten in diesem Park ist von besonderer Natur. Der Besucher wird auf drei Alleen durch den Park geleitet und vorbeigeführt an imposanten einzelnen Baumriesen.

Es existiert noch – das namensgebende Schloss im Park Elbroich. Jedoch beherbergt es keine Adelsfamilie mehr, sondern ein Potpourri an Dienstleistungsunternehmen. Im Laufe der Zeit war es im Besitz vieler namhafter und einflussreicher Düsseldorfer Familien. Neben den Grafen von Berg, den Herren von Eller und Katharina Trinkaus ist vor allem Hermann Heye zu erwähnen, der verantwortlich ist für die Vielfalt des Baumbestands im Park. Neben bekannten Arten wie Buchen, Pappeln und Kiefern findet man auch **Exoten** wie die Sicheltanne aus Japan.

Inmitten des Parks ist eine Senke, in der sich mehrere Baumriesen befinden. Einer davon ist sicherlich ein Ahorn, andere ähneln einer Rotbuche, wirken aber dennoch auf ihre **eigene Art** anders. Diese, teils über mehrere Hundert Jahre alten Bäume sorgen für Ruhe und Schutz. Eine der großen Buchen lädt förmlich zum Verweilen ein. Ihr riesiger Stamm hat so große Wurzelausläufer, dass diese wie gemacht scheinen als Sitzplatz für eine Meditation.

Baummeditation
• Setz dich auf einen kräftigen Ast oder auf eine Wurzel oder stell dich ganz nah

Deine Atempause

an einen Baum, der für dich Ruhe und Kraft ausstrahlt.

- Spüre in deinen Körper hinein.
- Nimm für ein paar Atemzüge den Atem wahr, wie er durch die Nase einströmt und durch den Mund wieder ausströmt.
- Stell dir nun vor, wie der Baum seine Energie für dich aktiviert und von innen heraus in Grüntönen zu leuchten beginnt.
- Fühle, wie diese Energie mit jedem Einatmen in dich übergeht und wie Altes und Verbrauchtes mit dem Ausatmen schwinden darf. Wiederhole dies, solange es dir guttut.
- Löse dich nun gedanklich von der Energie des Baumes. Dies kannst Du unter-

stützen, indem du Deine Körperposition veränderst. Steh auf oder stelle dich einen Schritt vor den Baum.

- Lass deinen Atem noch für ein paar Atemzüge in seinem natürlichen Rhythmus fließen und öffne dann erst ganz langsam die Augen.
- Spüre nach, wie du dich jetzt in deinem Körper fühlst.

Elbroichpark
Am Falder
40589 Düsseldorf

Für Dich!
Unter riesigen Bäumen meditieren

26 JEDE BOHNE EIN GENUSS

In Benrath ist alles klein, gemütlich und von guter Qualität. Genauso verhält es sich mit dem Café Röstzeit. Hier wird nicht nur Kaffee geröstet, sondern auch mit viel Liebe zubereitet.

Wem der Kaffee besonders gut schmeckt, der nimmt sich einfach für zu Hause ein Päckchen mit, zum Beispiel vom indonesischen Sumatra, der ein erdiges und nussiges Aroma hat, vom äthiopischen Sidamo, der nicht nur würzig und fruchtig ist, sondern auch nach Schokolade schmeckt oder vom koffeinfreien Brasil. Apropos **Geschmack:** Für alle Kuchenliebhaber und vor allem für die, die sich nicht entscheiden können, hat der Inhaber Asem Abdu ein ganz besonderes Angebot im Programm, den Kuchenprobierteller. Von allen wunderbaren Kuchen, einer ansprechender als der

andere, dürfen vier ausgewählt werden. Jeder für sich schmeckt unglaublich gut. Und hier darf durchaus von Geschmacksexplosion gesprochen werden! Ob der Käse-Schoko-Kuchen, der übrigens sehr praktisch ist, weil er direkt zwei leckere Sorten in sich vereint, der schmackhafte Kuchen mit frischen Heidelbeeren und Himbeeren oder die Rüblitorte – alle sind die Auswahl wert. Ob man sich dann noch für den reinen Schokoladenkuchen oder den Aprikosenstreusel entscheidet, das muss man mit sich selbst vereinbaren. Während des **Schwärmens** und Genießens kann es durchaus passieren, dass man mit den freundlichen Kellnerinnen oder mit dem Inhaber selbst ins Gespräch kommt. Dieser **lächelt** bescheiden, als erzählt wird, dass er jeden Morgen alle, wirklich alle Kuchen selbst backt!

Wem an manch einem Tag eher nach etwas Herzhaftem ist, der kann auch aus einem kleinen, aber feinen Frühstücksangebot wählen. Von Brötchen und Croissant, über Rührei bis Joghurt ist alles dabei. Oder doch lieber wieder ein Kuchenprobierteller?

Röstzeit

Café und Kaffeerösterei
Börchemstraße 38
40597 Düsseldorf
Tel. (02 11) 87 58 96 69
www.roestzeit.de

Für Dich!
Leckeren Kuchen und aromatischen Kaffee kosten

27 GRÜNE ENERGIE TANKEN

Der Schlosspark Düsseldorfer Norden ist im Vergleich zu anderen ein eher kleiner Park, der aber eine Menge zu bieten hat. Hier kann man sich erholen und neue Kraft schöpfen.

Bereits die Strecke zum Schlosspark gestaltet sich als äußerst angenehm, da kaum ein Autofahrer den Weg kreuzt. Viel häufiger sind Radfahrer zu sehen. Diese fahren jedoch ganz gemächlich durch Kalkum und genießen die **friedliche Idylle** des Stadtteils. Kalkum selbst wirkt wie ein kleines Dorf in sich und das mit einem schönen, weitläufigen Park, in dessen Zentrum das große, denkmalgeschützte Wasserschloss seinen Sitz hat. Wenn man Glück hat und die Sonne richtig steht, dann spiegelt sich das Antlitz des Schlosses in dem Weiher zwischen den Seerosen.

Sehr große, alte Bäume bilden mit ihren dichten Laubkronen im Sommer einen angenehmen Sonnenschutz. Dort lässt es sich gut aushalten. Besonders imposant sind die alten Platanen, zu denen unwillkürlich immer wieder **der Blick schweift.** Es ist körperlich zu spüren, welche Ruhe und zugleich Kraft von ihnen ausgeht. Die starken Stämme haben einen so großen Durchmesser, dass man mindestens sechs Personen bräuchte, um einen ihrer Art ganz zu umfassen. Die Wurzeln verlaufen bis tief ins Erdreich und schlagen dort ihre eigenen Wege. Kaum hat man sich an einem der **Kraftspender** sattge-

sehen, entdeckt man gleich noch ein imposanteres Exemplar: Eine Platane, deren Stamm sich bereits kurz über der Erde in mehrere Stämme aufteilt und deren Äste wie ausgebreitete Arme wirken, die allen Lebewesen Schutz und Wärme bieten.

Ein Baum hat keine Krone mehr. Zurückgeblieben ist ein großer und hoher Baumstumpf. Und selbst dieser hat noch so viel **Energie** zu geben, dass in und um ihn herum ganz viel leben darf. So ist er von Efeu bewachsen, was immer ein gutes Zeichen ist und auf einen kraftspendenden, energievollen Baum hinweist. Auch andere Pflanzen wachsen rings um ihn herum und sogar aus kleinen Lücken

aus der Rinde hervor. Insekten, Käfer und Vögel suchen ebenfalls seine Nähe. Mitten auf der Wiese steht dieses einzelne Kunstwerk der Natur.

Kalkumer Schlosspark
Oberdorfstraße 10
40489 Düsseldorf

♡ **Für Dich!**
**Große, alte Bäume
vermitteln Stärke**

28 ZAUBER DER WEIHNACHT

Die kleine Kirche in Volmerswerth lohnt immer einen Besuch. Vor allem aber in der Advents- und Weihnachtszeit. Wenn man dann dort einkehrt, erstrahlt der Kirchraum in besonderem Glanz.

Wenn man vor und um Weihnachten herum die Kirche St. Dionysius betritt, fällt der Blick unmittelbar auf den riesigen Weihnachtsbaum im Altarraum. Schaut man nach oben, sieht man, dass er fast bis zum Kirchdach reicht. Unwillkürlich kommt da die Frage auf, wie es möglich ist, einen Baum von ungefähr **8 Metern** Höhe in dieser sehr kleinen Kirche aufzustellen. Die Geschichte dahinter hat Tradition, wie auch der Stadtteil Volmerswerth selbst. Obwohl Volmerswerth nur um die 2200 Einwohner umfasst, wird hier **Zusammenhalt** und Vereinskultur großgeschrieben. Die Schützen-

kompanie, die in dem betreffenden Jahr den Schützenkönig stellt, ist dafür verantwortlich, den Baum aufzustellen. Da in dem Stadtteil viele vom Fach sind und sich auf dem Gebiet der Landwirtschaft auskennen, stellt das Aufrichten des Baumes zwar eine Herausforderung, aber keine Schwierigkeit dar.

Und wenn er dann steht und mit seinen 1500 Lämpchen den Altarraum erleuchtet, dann ist er **einfach nur schön.** Er glitzert und funkelt und beleuchtet auf der anderen Seite des Raumes einen weiteren sehr außergewöhnlichen Baum. Viele, viele rote Weihnachtssterne wer-

den alljährlich auf mehreren Höhen so im Kreis drapiert, dass sie selbst wirken wie ein großer weihnachtlicher Baum. Es bietet sich an, für eine Weile auf einer der Kirchbänke Platz zu nehmen und den **bezaubernden Anblick** auf sich wirken zu lassen.

Bevor man die Kirche wieder verlässt, sollte man auf jeden Fall noch den Nebenraum besuchen. Denn dort wird ab dem 8. Dezember, dem Fest Mariä Empfängnis, die weihnachtliche **Krippe** aufgebaut. Sie wächst täglich ein kleines Stückchen mehr bis zum Fest der Heiligen Drei Könige. Echtes Moos wird verteilt und auch Stroh. Da mittlerweile bewegliche Figuren benutzt werden, wirkt

die Krippendarstellung besonders echt. Bei jedem Besuch entdeckt man weitere kleine Details und freut sich darüber, dass man sich so ganz lebendig vorstellen kann, wie es zur Geburt Jesu ausgesehen haben mag.

**Weihnachtskrippe
St. Dionysius**
Volmarweg 3
40221 Düsseldorf
www.bonifatiuskirche.de

Für Dich!
**St. Dionysius lockt
mit Christbaum und Krippe**

Im Jetzt leben

Mit den Rauhnächten sind viele Bräuche verbunden

Als Rauhnächte werden die zwölf Nächte zwischen Weihnachten und dem Dreikönigstag bezeichnet, die eine Periode des Übergangs darstellen. Damit ist einerseits der zeitliche Übergang zwischen zwei Jahren gemeint, andererseits aber auch das persönliche Abschließen von Erlebnissen des alten Jahres, um sich dann wieder zu öffnen für das, was im neuen Jahr alles kommen wird.

Der Begriff der Rauhnacht leitet sich unter anderem von dem Wort „Rauch" ab, was darauf zurückzuführen ist, dass in diesen Tagen das Haus ordentlich gehalten und die Räume mit Weihrauch geräuchert werden sollten. Dadurch soll Schlechtes und Unangenehmes ferngehalten werden.

Bekanntere Bräuche, die aus der Mystik der Rauhnächte entstanden sind, sind beispielsweise auch das Bleigießen oder das Silvesterfeuerwerk. Manche Großmütter berichten noch davon, dass zwischen Weihnachten und Neujahr keine Wäsche gewaschen und getrocknet werden soll.

In jeder Rauhnacht kann man ein Thema anschauen und für sich vertiefen. Es gibt je nach Auslegung verschiedene Varianten für diese Themen und ihre Reihenfolge.

Hier sind mögliche Schwerpunkte für die Rauhnächte im Überblick:

25. Dezember:
Sich auf seine Wurzeln besinnen

26. Dezember:
Mit der inneren Kraft verbinden

27. Dezember:
Das Herz öffnen für sich und andere

28. Dezember:
Alte Gewohnheiten lösen

29. Dezember:
Freundschaft mit sich selbst und anderen schließen

30. Dezember:
Reinigung des Geistes

31. Dezember:
Vorbereitung auf das Kommende

1. Januar:
Das neue Jahr bewusst in Freude beginnen

2. Januar:
Die eigene Mitte finden

3. Januar:
Verbindung mit dem
Göttlichen
4. Januar:
Loslassen
5. Januar:
Reinigung

Es ist hilfreich, sich die Inhalte der Träume zu notieren, die sich in diesen Nächten ihren Weg bahnen. Denn jede Rauhnacht ist einem der zwölf Monate des kommenden Jahres zugeordnet.

Wer also in der Nacht von Heiligabend auf den 25. Dezember einen bestimmten Traum hat, der kann im kommenden Januar besonders aufmerksam sein für das, was ihm im Traum gezeigt wurde. Wer für sich entschieden hat, die Rauhnächte zu begehen, der sollte nicht darauf verzichten, sich entsprechend vorzubereiten: Offene Angelegenheiten zu klären und geliehene Gegenstände zurückzugeben, gehört genauso dazu wie das Aufräumen und Putzen des Hauses oder der Wohnung.

29 HAUPTSACHE HAUT

Unsere Haut ist ein Wunderwerk. Sie hüllt uns komplett ein und schützt uns vor äußeren Einflüssen. Sie hilft uns, unsere Umwelt in Feinheiten wahrzunehmen. Es lohnt sich, ihr etwas zurückzugeben.

Ganzheitlich ist das passende Wort dafür, wie Tatjana van Angern ihren Salon für Naturkosmetik führt und welchen Blick sie dabei auf die Menschen hat, die sie behandelt. Der Empfang ist bereits so herzlich, dass das **Ankommen** ganz schnell gelingt. Während die Behandlung besprochen wird, wird ein leckerer Tee gereicht, und dann kann man sich ungefähr eine Stunde entspannen. Im Raum duftet es angenehm nach Holunderblüten- oder Orangenblütenhydrolat, das auch für eine warme Gesichtskompresse verwendet wird, die das Gesicht entspannt und die Poren öffnet. Die Liege ist bereits vorgewärmt, und auf Wunsch wird man kuschelig und warm eingepackt, damit man sich die ganze Zeit über **wohlfühlen** kann, ohne auszukühlen. Selbst die Handtücher, die benutzt werden, sind vorgewärmt. Zu jedem Zeitpunkt fühlt man sich gut aufgehoben. Daran ist Tatjana van Angern sehr gelegen. Selbst wenn es eigentlich Pausen gibt, wenn beispielsweise eine **Maske** einwirkt, bleibt sie im Raum und verwöhnt einen mit einer Hand- und Armmassage. Diese Art der **Massage** ist sehr wohltuend, jeder Bereich von Hand und Arm ist dabei auf angenehme Weise

Deine Kraftquelle

deutlich spürbar. So kann es passieren, dass sich der restliche Körper bei der Massage so entspannt, dass auf einmal der Magen anfängt zu knurren oder Nackenschmerzen nachlassen.

Es geht also nicht nur um eine Gesichtsbehandlung, sondern um ein **Rundumwohlfühlerlebnis.** Es werden nur ausgewählte Produkte verwendet, die zum größten Teil nach Demeter-Richtlinien zertifiziert sind. Das bedeutet unter anderem, dass die Inhaltsstoffe aus einer ausschließlich biologisch-dynamischen Bewirtschaftung stammen. Man wird gut und einfühlsam beraten und wer mag, kann geeignete Produkte direkt vor Ort erwerben.

Nach der Behandlung sieht die Gesichtshaut frisch und entspannt aus und man sollte sich noch ein wenig Zeit gönnen zum Genießen und Nachspüren dieser Wohltat, bevor es wieder hinausgeht in den Alltag.

Salon für Naturkosmetik
Tatjana van Angern
Franklinstraße 50
40479 Düsseldorf
Tel. (0 15 75) 1 91 74 95
www.salonfuernaturkosmetik.de

Für Dich!
Gesichtsbehandlung als Rundumwohlfühlprogramm

30 GEGEN DEN STROM

Eine Einladung zur Langsamkeit, zum Beobachten und Staunen. Wer mit dieser Haltung den Aquazoo besucht, kann nicht nur einiges an Wissen mitnehmen, sondern auch merken, wie sich Entspannung einstellt.

Durch die verschiedenen Themenbereiche zu schlendern und die interessantesten und buntesten Fische zu finden in Neongelb, Königsblau oder mit Streifen in Schwarz-Weiß, lässt einen schnell vergessen, was um einen herum geschieht. Immer wieder gerät man ins **Staunen,** zum Beispiel, wenn man sieht, dass sich ein Seestern bewegt oder sich ein Seepferdchen auf seine ganz eigene Art durch das Wasser bewegt. Der große Rochen, der anmutig durch das Wasser gleitet, als gäbe es nur eine einzige Bewegung, ist ebenfalls faszinierend. Vor allem dann, wenn er den Besucher mit seinen großen Augen anblickt, als könne er die **Faszination** um sich gar nicht nachvollziehen. So verstreicht die Zeit von Gang zu Gang, von Aquarium zu Aquarium auf meditative Art und Weise. Es macht Spaß, genau zu beobachten. Und wenn man herausgefordert wird, das „Wandelnde Blatt" zu finden, dann können sich hinter einem schon einmal Schlangen bilden. Es stellt sich als nicht so einfach wie gedacht heraus, dieses von den Philippinen stammende Insekt zu entdecken. Hat sich da nicht etwas bewegt? Nein, das war nur eine Pflanze. Aber jetzt, genau da! Da regt sich etwas. Zwischen den Zweigen sitzt das „Wandelnde Blatt" und bewegt sich wie in einem lauen Lüftchen hin und her. **Großartig** ist auch der Weitaugenbutt, der sich durch seine Fähigkeit der Farbanpassung nahezu unsichtbar macht in dem sandigen und steinigen Boden.

Spätestens wenn man bei den Landschildkröten angelangt ist, stellt sich endgültig ein **entschleunigendes Gefühl** ein. Ganz gemächlich und unbeeindruckt von dem regen Treiben außen herum bewegen sich die Schildkröten. Dabei haben sie ihr Ziel immer genau im Blick, welchem sie sich Schritt für Schritt ganz achtsam und bedacht nähern.

Ein Ort, der zur Entschleunigung beiträgt, ist der Düsseldorfer Aquazoo vor allem dann, wenn man ihn außerhalb der Stoßzeiten ansteuert. Ein Besuch ist also außerhalb der Ferien, wochentags am Vormittag oder in der Sommerzeit bei Außentemperaturen um die 30 Grad Celsius zu empfehlen.

Aquazoo Löbbecke Museum
Kaiserswerther Straße 380
40474 Düsseldorf
Tel. (02 11) 8 99 61 50
www.duesseldorf.de/aquazoo

Für Dich!
Beim Beobachten der Meerestiere zur Ruhe kommen

31 SPIEL MIT DEN ELEMENTEN

Ausgefallene Keramik mit einer persönlichen Note findet man in Unterbilk. Wunderbar passt sie in das Lorettoviertel, das mit seinen vielen inhabergeführten Geschäften einen kreativen Charme besitzt.

In einem Hinterhof auf der Lorettostraße arbeitet Rosemarie Dohmen in ihrer Werkstatt. Ihre Berufung und Leidenschaft ist seit vielen Jahren die Arbeit mit Keramik. Wer ihren kleinen Laden betritt, dem fällt sofort ein sehr großes Kunstwerk ins Auge, ein massives und doch gleichzeitig fein geschwungenes Taufbecken. Es handelt sich hierbei um das Kernstück ihrer Abschlussarbeit als **Keramikdesignerin.** Um das Taufbecken herum sind ihre Verkaufsstücke ausgestellt.

Entdecken lassen sich Vasen und Schalen und vor allem Teekeramik. Tee-kannen und -schalen ziehen sich wie ein roter Faden durch die Arbeit von Rosemarie Dohmen. Mit viel Liebe und Geschick gestaltet, ist jedes Stück ein **individuelles Kunstwerk,** welches aber wiederum praktisch zu nutzen ist. Die Farben sind sanft und angenehm für das Auge. Die Nuancen changieren zwischen warmen Naturtönen wie Beige, Braun und Rosé und etwas kühleren Farben wie Türkis.

Bei einigen Stücken fällt eine besondere Struktur auf. Hier hat sich Rosemarie Dohmen einer besonderen Technik bedient, des **Raku.** Bei dieser aus Japan stammenden Methode werden die Keramiken noch glühend aus dem Ofen entnommen, um sie auf kurzem Weg nach draußen in den Hof zu bringen und sie dann in eine mit Sägemehl befüllte Tonne zu legen. Weil es so zu einem hohen Temperaturabfall kommt, bilden sich (gewollte) Risse in der Glasur. Durch das reduzierende Nachbrennen im Sägemehl kriecht der entstehende Kohlenstoff in diese Ritzen, die so ihre Schwärze erlangen. Raku ist ein **Erlebnis,** weil nicht vorherzusehen ist, wie sich das Material genau verhält und wo sich Risse bilden.

Rosemarie Dohmen kennt zu jedem Stück die Entstehungsgeschichte und lässt einen gerne daran teilhaben. Wenn man dann aus einer ihrer Teeschalen

trinkt, kann man sich gut vorstellen, wie durch das Spiel und die Arbeit mit den Elementen Erde, Wasser, Feuer und Luft auf kreative Weise diese einzigartige Keramik entstanden ist.

Keramikwerkstatt
Rosemarie Dohmen
Lorettostraße 33 (im Hof)
40219 Düsseldorf
Tel. (02 11) 30 55 44
www.daumenschale.de

♡ **Für Dich!**
Handgemachte
Teeschalen kaufen

32 VERWUNSCHENE PFADE

Von der Basilika in Gerresheim aus führt ein knapp 10 Kilometer langer Rundweg durch das Rotthäuser Bachtal. Egal, auf welchem Weg, es lohnt sich, in diese magischen Wälder einzutauchen.

Auf dem Weg Richtung Mettmann und für den Düsseldorfer schon in schier unglaublicher Höhe liegt das Rotthäuser Bachtal. Am besten ist es ohne Auto zu erreichen, da das Parken an Ort und Stelle ungünstig ist. Am Rande des Rotthäuser Weges liegt der **Hexhof.** Unter anderem bewirtschaften dessen Mitarbeiter die großen Hochzeitswiesen, die direkt an den Hof angrenzen. Hier stehen Apfel-, Birnen- und Pflaumenbäume, deren Besitzer auf einer kleinen Plakette vor dem jeweiligen Baum verewigt sind. Es berührt, sich vorzustellen, wie viel Freude diese großen und kleinen Bäume ihren

Besitzern schenken oder auch denjenigen, die das Pflanzen eines Baumes bewusst als Gabe zur Hochzeit ausgewählt haben.

Wer die schönen **Hochzeitswiesen** überquert hat, kommt bei einer Informationstafel heraus. An dieser Stelle beginnt die eigentliche **Magie.** Der Weg, der von dort aus nach links führt, wird Schritt für Schritt waldiger und schmaler. Da es bergab geht, erhöht sich zudem die Böschung immer mehr. Dann biegt sich eine Baumkrone über den Pfad und erweckt den Anschein, dass derjenige, der unter ihr hindurchgeht, etwas hinter sich lässt und gleichsam einen ganz besonderen

Ort betritt. Es riecht nach feuchter Erde. Unter den Füßen spürt man die knorrigen Wurzeln der alten Bäume. Es ist, als könne man auf einmal **alles intensiver spüren** und wahrnehmen. Auf den Zehenspitzen stehend, lässt sich, wenn die Jahreszeit es zulässt, das Gelb des blühenden Rapsfeldes bestaunen. Und wer ganz achtsam lauscht, kann manchmal das typische Geräusch von trabenden Pferdehufen oder gar ein Wiehern wahrnehmen. Ein paar Meter höher verläuft nämlich ein weiterer Weg, der auch von Reitern genutzt werden darf. Dem Pfad folgend, erscheint auf der rechten Seite ein Hof. Verlassen oder bewohnt – wer weiß das schon? Immer die linken Biegungen nehmend, gelangt man am Ende zu seinem Startpunkt zurück und war gewiss nicht das letzte Mal an diesem Ort.

Rotthäuser Bachtal
Rotthäuser Weg 53/
nahe des Hexhofes
40629 Düsseldorf

Für Dich!
Spaziergang vorbei an Obstbäumen und Rapsfeldern

33 NÄHEN MACHT GLÜCKLICH

Wer an der Nähmaschine sitzt und seine Ideen in die Tat umsetzt, der versinkt mehr und mehr im Tun. Man erlebt Zeit und Raum ganz anders, wenn man in das eigene Projekt vertieft ist.

In einem scheinbar normalen Altbau sieht man schon von Weitem eine besonders schöne Dekoration im Erdgeschoss leuchten. Auf wundersame Weise wird man **magisch angezogen** und kann – wie ein Kind vor der Auslage eines Süßwarenladens – mit staunenden Augen durch die Fensterscheiben schauen. Der Blick fällt auf allerlei Stoffe, Scheren in unterschiedlichen Größen, Nähmaschinen und jede Menge frohe und konzentrierte Gesichter.

Zu wissen, dass in diesem Haus vor 100 Jahren Otto und Frieda Frenzel einzogen, um den scharfen Düsseldorfer Löwensenf vor Ort zu verwirklichen, ist für einen Düsseldorfer schon etwas ganz Besonderes. Jetzt weht hier ein anderer **kreativer Wind** und der hat nichts mit Mostert zu tun, sondern mit Stoffen und Nähmaschinen. Es sind persönliche Konzepte mit einer extragroßen **Portion Herz,** die Sabine Reuter in ihrer schönen StoffWerkstatt umsetzt, wie zum Beispiel die jährlich stattfindende Werkschau oder das Weihnachtscafé.

Jeder, der in der StoffWerkstatt einen Kurs besucht oder auch die offenen Nähzeiten nutzt, bringt Ideen und Stoffe selbst mit. Bei der Entwicklung des eigenen Projekts von der Theorie in die Praxis steht Sabine Reuter mit Rat und Tat zur Seite. Auf diese Weise werden Woche um Woche jede Menge Einzelstücke wie Taschen, Blousons, Mäntel, Kissenhüllen und noch vieles mehr genäht. Da die gelernte Schneiderin jahrelang als Designerin und Trendscout für namhafte Modeunternehmen gearbeitet hat, hat sie ein sicheres Gespür für Farben und Schnitte. Zu Jahresbeginn erstellt sie daraus ein „Moodboard". Auf diesem sind Fotos von den Modetrends des kommenden Jahres zu sehen, ebenso allerlei Stoffproben. Diese kann man anfassen und so für sich **selbst erspüren,** welche Stoffart für einen selbst infrage kommt. Gerne dürfen

Stoffe verwendet werden, die zu Hause keinen Nutzen mehr haben, wie die eingelaufene Kaschmirdecke oder das Hemd des Partners, das so ein schönes Muster hat und ihm bestimmt auch nicht mehr passt.

StoffWerkstatt
Sabine Reuter
Himmelgeister Straße 127
40225 Düsseldorf
Tel. (02 11) 38 05 72 87
www.stoff-werk-statt.de

Für Dich!
**Mit Stoffen selbst
etwas gestalten**

34 SCHIFF AHOI!

Mit der Weissen Flotte kann man verschiedene Ziele ansteuern: Zons, Duisburg oder Köln. Die Fahrt über den Rhein startet und endet dabei immer in der Düsseldorfer Altstadt.

Wunderschön zu fahren, ist die etwa einstündige Strecke von der Altstadt bis nach Kaiserswerth. In Stromrichtung lässt man nicht nur die Flaneure der Rheinuferpromenade und die bekannten Düsseldorfer Wahrzeichen hinter sich, sondern auch das Geschäftige der Stadt. Die Ufer wandeln sich und werden **immer grüner.** Wer diese Fahrtstrecke wählt, sollte immer gleich die Rückfahrt mit buchen. Denn nach einem entschleunigenden Aufenthalt in Kaiserswerth passt sich auch das Tempo des Schiffes an und braucht auf der Rückfahrt ungefähr eine Viertelstunde länger. Gegen den Strom und diesmal auf die Innenstadt zu offenbart sich Düsseldorf aus dieser Blickrichtung zunächst weitläufig. Wenn die Tonhalle und der Schlossturm immer näher zu kommen scheinen, **hüpft das Herz,** das für diese schöne Stadt schlägt, noch ein bisschen höher.

Wer keinen Tagesausflug plant, hat die Möglichkeit, eine 45-minütige Panoramafahrt auf dem Rhein zu wählen. Auf dieser Fahrt geht es erst Richtung Hafen. In der Mitte zwischen Yachthafen, Gehry-Bauten und Hotels kommt man sich dann doch winzig vor. Die drei Bauten des amerikanischen Architekten Frank O. Gehry, die um die Jahrtausendwende entstanden sind, sehen aus wie drei große Skulpturen. Sie ähneln sich, sind aber doch in Höhe, Material und Form unterschiedlich. Der bodenständige rote Klinker und der strahlend weiße Putz rahmen den kleinsten Bau mit seiner Edelstahlfassade ein. Diese spiegelt das **Sonnenlicht** und glitzert mit dem Rhein um die Wette.

Wenn man am Rheinturm in geringer Geschwindigkeit vorbeifährt, lässt das diesen 240-Meter-Turm noch höher und mächtiger erscheinen, als er sowieso schon ist. Ganz oben hinter den dicken Scheiben kann man Menschen erahnen, winzige Punkte, die sich bewegen.

Sofern es die Temperaturen zulassen, kann man an Deck sitzen, sich die Sonne auf den Rücken und den **Fahrtwind** um die Nase wehen lassen. Hafen, Muscheln und noch etwas anderes ergeben für die Nase eine spezielle Mischung. Dieser Geruch ist einzigartig, eben der typische Duft vom schönen Rhein.

Weisse Flotte Düsseldorf
Kasematten/Rheinuferpromenade in Höhe der Pegeluhr
40213 Düsseldorf
www.w-flotte.de

Für Dich!
Auf dem Schiff die Landschaft vorbeiziehen lassen

35 IN DEN KÖRPER SPÜREN

Es ist fast unmöglich, bei einem Feldenkraiskurs oder einer Einzelbehandlung keinen Aha-Effekt zu erleben. In kurzer Zeit kann man dabei zu einem bewussteren Gespür für seinen Körper gelangen.

Wer den Wunsch hat, ungünstigen Bewegungsmustern auf die Spur zu kommen oder einfach nur wieder beweglicher zu sein, der ist bei Andrea Jung in ihrer Naturheilpraxis richtig. Auch wenn bereits über einen längeren Zeitraum Schmerzen in Muskeln, im Fasziengewebe oder in den Gelenken bestehen, kann Feldenkrais in den meisten Fällen zu Linderung und **Entspannung** verhelfen.

Am Anfang einer Sitzung wird erst einmal genau geschaut, was man mitbringt. Es gibt keine Funktionale Integration ohne ein ausführliches vorangestelltes Gespräch. Funktionale Integration – so nennen sich die Einzelstunden im Feldenkrais, bei denen Andrea Jung ihre Patienten bewegt. Neben Workshops, bei denen Themen wie beweglicher Rücken oder entspannte Augen im Mittelpunkt stehen, sowie Feldenkraisgruppenstunden ist die Einzelbehandlung, bei der individuelle Veränderungsprozesse angeregt werden, eine ganz besondere und intensive Erfahrung. Sobald man sich auf eine Liege gelegt hat, erkennt Andrea Jung recht schnell, ob der Kopf noch eine Unterlage oder die Knie noch eine Unterstützung brauchen. Erst wenn das Liegegefühl sich für den Patienten stimmig anfühlt, beginnt sie mit der Behandlung. Andrea Jung, die nicht nur Feldenkraispädagogin, sondern auch **Heilpraktikerin** ist, kann mithilfe ihrer Hände fühlen, wo sich feste Strukturen und Blockaden im Körper befinden.

Sie erspürt durch sanfte Berührung, welche Körperteile wie bewegt werden sollten, um dem Körper wieder eine andere Art der Bewegung anzubieten. Nichts soll schmerzen oder spannen, ansonsten wird etwas an der Bewegung oder an der Liegeposition verändert, sodass es sich wieder angenehm anfühlt. Man selbst bleibt mit seiner **Aufmerksamkeit** bei der Bewegung, verfolgt mental, was im Körper geschieht und was sich während

des Prozesses verändert. Ganz nebenbei wird einem die **Durchlässigkeit** des Körpers und der Gelenke vom kleinen Zeh hinauf bis zum Kopf bewusst und lässt einen über die eigene Beweglichkeit staunen.

**Naturheilpraxis
Andrea Jung**
Christophstraße 62
40225 Düsseldorf
Tel. (02 11) 87 63 02 99
www.nhp-duesseldorf.de

Für Dich!
Sanfte Berührungen am ganzen Körper

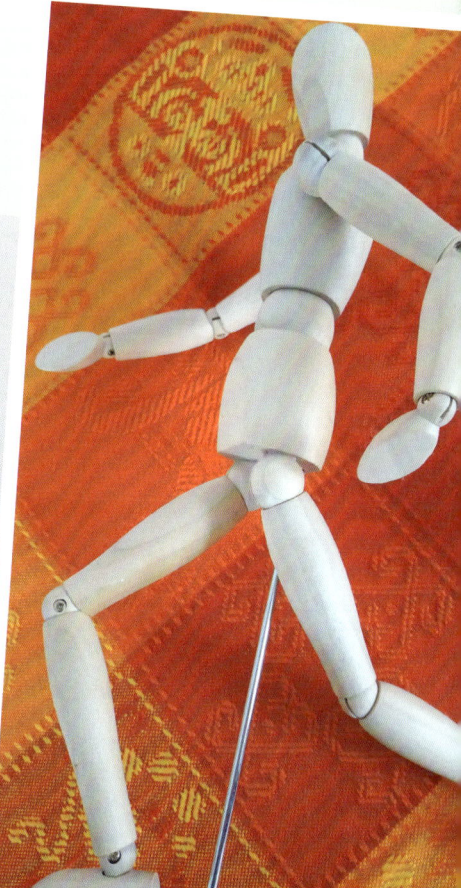

Fühl doch mal!

Durch Feldenkrais Bewegungen bewusst wahrnehmen

Moshé Feldenkrais war ein Anders- und Querdenker. Und er war seiner Zeit voraus. Ab den 1950er-Jahren entwickelte der Physiker die Methode, die nach ihm benannt ist und durch die ermöglicht werden soll, **Bewegungen** und Bewegungsmuster bewusst wahrzunehmen und zu verändern. Auch wenn damals die Hirnforschung noch nicht so viel Raum einnahm und noch nicht über **Fasziengewebe** gesprochen wurde, bezog er genau diese beiden Bereiche in seine Methode von Anfang an mit ein. Seine Bemühungen standen dabei in erstaunlichem Zusammenhang zu den Erkenntnissen der heutigen Neurowissenschaft. Er war überzeugt davon, dass die Strukturen des Gehirns veränderbar sind und nicht in Stein gemeißelt. Ihn interessierte in diesem Zusammenhang, wie bewegliche Gehirne Einfluss nehmen können auf die Mobilität des Körpers. So beobachtete Feldenkrais genau, wie sich Babys und Kleinkinder bewegen, um daraus effektive und gesunderhaltende Bewegungsmuster abzuleiten. Babys wiederholen eine Bewegung immer und immer wieder, verän-

dern sie um Nuancen, um dann zu ihrem angestrebten Ziel zu gelangen. Wie rollt sich ein Baby auf den Rücken und den Bauch? Wie funktioniert das Robben, das Krabbeln oder wie hebt ein Kleinkind einen Gegenstand auf? Ausgehend von solchen Fragestellungen entwickelte Feldenkrais Bewegungseinheiten, die genau dazu anhalten sollen, sein Denken, seinen Körper und die eigene **Mobilität** zu erforschen.

In Gruppenstunden leitet ein Feldenkraispädagoge verschiedene Bewegungsabläufe an, damit sich beispielsweise Schultern und Nacken entspannen können oder das Becken wieder beweglicher wird. Es geht dabei immer um das bewusste **Wahrnehmen** einer Bewegung vom Start bis zum Abschluss. Zwischendurch werden Pausen gemacht. Das Wort „Pause" erhält dadurch eine andere Qualität, da es nicht darum geht, sich von einer unter Anstrengung erbrachten Leistung zu erholen, sondern darum, genau in den Körper hineinzufühlen. Zu spüren, welche Körperteile und Muskeln mitwirken und wie sich die Abläufe durch Veränderung von Bewegungen wandeln, kann einem regelrechte **Aha-Erlebnisse** bescheren. Auf einmal ist nach einer Übung der Stand stabiler, die Atmung freier oder die Schulterschmerzen sind weg. Zurück bleibt ein Staunen darüber, dass dies durch das scheinbar simple Bewegen einiger Körperteile möglich ist. Es gibt beim Feldenkrais auch Einzelstunden, die Funktionale Integration genannt werden. In diesen Stunden wird man bewegt und kann sich auf das Spüren konzentrieren.

36 FITNESS FÜR ALLE SINNE

Dem Wasser beim Spielen zusehen, den Duft der bunten Blumen erschnuppern, selbst gepflücktes Obst genießen, die warme Sonne auf der Haut spüren und dem Blätterrauschen lauschen.

Langenfeld ist eher bekannt für seine Industrie als für Sehenswürdigkeiten. Dennoch hält die Stadt einen abwechslungsreichen Freizeitpark bereit. Kostenlos können hier einige Sportarten wie Fußball, Basketball, Boule oder Hockey ausgeübt werden. Neben den zahlreichen Sportplätzen gibt es auch die Möglichkeit, ein **Fitnessstudio im Freien** zu nutzen. Auf den ersten Blick wirken die Fitnessgeräte, die vor allem aus Holz bestehen, wie ein Trimm-dich-Pfad, jedoch mit allen Stationen nebeneinander. Wer mag, kann rudern, hangeln oder Sit-ups machen. Und wer nicht mag, setzt sich einfach daneben auf eine der schönen Holzbänke. Während des Sportelns oder eben des ruhigen Genießens beim Zuschauen hat man in den Frühlings- und Sommermonaten den Blick auf eine blühende **Margeritenwiese.** Das ist ein wahres Fest für die Augen, da Margeriten in solcher Fülle mittlerweile eher rar gesät sind. Nur ein paar Schritte weiter geht es nicht mehr um schwere körperliche Betätigung, sondern mehr um das bewusste Bewegen und Erspüren. Beim Begehen des **Barfußpfads**, bestückt mit verschiedenen Naturmaterialien wie Rindenmulch, Kieselsteinen oder Moos, werden Fühl- bzw. Tastsinn herausgefordert. Je nach Empfindlichkeit der Füße wird dabei manches als unangenehm empfunden, wohingegen das Laufen über weichere Materialien wieder eine Wohltat sein kann. So oder so – danach kann man sowohl Füße als auch den restlichen Körper im schönen Laubengang entspannen. Sitzt man auf einer der Bänke, die zwischen den hohen Birken stehen, fühlt man sich wie im **Urlaub.** Hier lohnt es sich, die Augen zu schließen und dem mal leisen, mal lauteren Flüstern der vielen Blätter zu lauschen. So ganz konzentriert auf das Hören lässt sich ein Rauschen und Plätschern vernehmen. Ein wunderschöner Springbrunnen im Zen-

trum des Parks zieht jeden magisch an. Da sich direkt daneben ein Café befindet, kann man auch von dort eine Weile dem Wasser beim Spielen zusehen.

Langforter Freizeitpark
Zum Stadion 93
40764 Langenfeld
www.langenfeld.de

♡ Für Dich!
Sportlich aktiv sein in freier Natur

37 DIE FARBE DER GEDANKEN

Annette Florin hört man gerne zu. Sie hat eine warme, angenehme Stimme und strahlt Ruhe und Gelassenheit aus. Als Gast kommt man bei ihr zum philosophischen Gespräch und wird herzlich empfangen.

Das Thema oder Anliegen bringt der Gast selbst mit. Es geht nie darum, beraten zu werden, sondern im gemeinsamen Gespräch, in einem Wechselspiel und durch ein Ineinandergreifen der Gedanken, ein Thema zu beleuchten. Das hilft sehr beim Verstehen und Reflektieren. Es trägt nicht immer zu einer Lösung im klassischen Sinn bei, sondern vielmehr zu Erkenntnissen und damit zu einer **Klarheit,** die die Sicht auf das eigene Handeln und Leben verändern kann.

In den Gesprächskreisen gibt es meist ein Thema, das im Mittelpunkt steht. Auch hier geht es um das gemeinsame Philosophieren, nie um ein Lehren oder gar Belehren. Das Sprechzimmer Düsseldorf ist keine private Volkshochschule, sondern ein Ort, an dem man Lust darauf bekommen darf, selbst und im Miteinander das Komplexe der Welt aufzuschlüsseln. Manchmal geht es um die Frage, wie Sprache unsere Welt abbildet. **Dem Reichtum der Welt,** den Gedanken und der Sprache offen zu begegnen, macht frei und weitet den Blick.

Die vielfältigen Facetten des Lebens zu erkennen, in sich arbeiten und reifen zu lassen, ist interessant und lässt mich zum Beobachter werden. Ich komme in

Kontakt mit mir, wenn ich Themen des Lebens, Begrifflichkeiten und die **Sinnhaftigkeit** hinterfrage. Durch das Nachdenken über andere Sichtweisen können meine eigenen letztlich umso klarer werden.

Es sitzen immer einige Gäste um den großen Holztisch im philosophischen Gesprächskreis, aber nur so viele, dass es wirklich ein gemeinsames Gespräch bleibt und sich nicht in mehrere Nebengespräche aufteilt.

Manchmal ist es auch still. Dann hört man nichts außer dem eigenen **Herzklopfen,** den Atemzügen des Nachbarn oder der Standuhr, die im Hintergrund die Uhrzeit schlägt. Dann sieht man auf die vielen Bücher im Sprechzimmer Düsseldorf oder man blickt ins Grüne und gönnt sich eine Denkpause. Das ist wie ein Durchatmen der Gedanken, bis dann schon wieder der nächste Einfall anklopft.

Sprechzimmer Düsseldorf
Annette Florin, Heiderweg 6
40489 Düsseldorf
Tel. (02 03) 6 08 27 26
www.sprechzimmer-duesseldorf.de

Für Dich!
Im Austausch mit anderen das Leben ergründen.

38 RAUM ZUM FREI SEIN

Ein Yogastudio zu finden, in dem man sich wohlfühlt, ist gar nicht so einfach. In den Räumen von frei-sein-Yoga herrscht aber eine Atmosphäre, die es einem leicht macht.

Yoga ist nicht einfach nur eine Form von Bewegung. Vielmehr ist Yoga eine Philosophie des Lebens, durch die man zu einem tieferen Verständnis seiner selbst gelangen kann.

Weil wir Menschen so verschieden sind, passt nicht jede Ausrichtung des Yogas zu jeder Person. Im Yogastudio von Nina Schaller herrscht immer genug **Zeit und Raum,** um in Ruhe anzukommen. Verschiedene Yogalehrer sind hier im Einsatz, die teilweise unterschiedliche Richtungen vermitteln. Eines haben sie jedoch gemeinsam: Sie heißen die Yogis, die Teilnehmer einer Stunde, immer

herzlich willkommen und fragen nach, was gebraucht wird. Dabei wird stets deutlich gemacht, dass es nicht darum geht, Leistung zu zeigen. Das, was da ist, darf da sein und das, was sich während einer Stunde zeigt, darf sich zeigen. Und man darf es sich **bequem** machen. Neben den klassischen dünnen Yogamatten gibt es die kuscheligen Schurwollmatten, auf denen man sich direkt geborgen fühlt. Es gibt jede Menge Kissen in unterschiedlichen Formen und Arten. Mit den weichen Decken kann man sich zudecken (lassen), wenn es am Ende einer Stunde heißt: Shavasana. Diese Asana nennt sich im

Yoga auch die „Totenhaltung", weil man in ihr ganz still liegt und abschließend noch einmal ganz bewusst alle Muskeln **loslassen** kann. Die Wirbelsäule liegt gerade auf, der Nacken ist lang, das Kind kippt leicht zur Brust. Die Arme werden mit nach oben zeigenden Handflächen etwas abgespreizt und die Füße fallen locker nach außen. Nur liegen, nachspüren und wahrnehmen. **Herrlich!**

Neben den Yogastunden finden regelmäßig Workshops zu unterschiedlichen Themen statt, zu Achtsamkeit und Selbstfürsorge, aber auch zum **Heilströmen,** dem Jin Shin Jyutsu.

In Einzelcoachings mit Nina Schaller fließt alles zusammen, was der Inhaberin wichtig ist, zum Beispiel bei einer **Thai-** **Yoga-Massage,** bei der man auf sanfte Weise bewegt und massiert wird. Diese, in Kombination mit Elementen des Jin Shin Jyutsu, lässt einen wunderbar entspannen und man geht voller Energie wieder hinaus in den Alltag.

frei-sein-Yoga
Nina Schaller
Aachener Straße 164
40223 Düsseldorf
Tel. (01 77) 2 36 35 48
www.frei-sein-yoga.de

Für Dich!
Mit der richtigen Yogaform zu sich selbst finden

39 VIVA ROMA AM RHEIN

Eintauchen in die Welt der alten Römer und sich genau vorstellen, wie es vor ungefähr 2000 Jahren am Rhein an der Grenze zwischen Düsseldorf und Monheim ausgesehen haben mag.

Wer das Gelände rund um das Haus Bürgel betritt und sich vor Augen führt, dass auf diesem Gelände vor rund 2000 Jahren eine römische Siedlung errichtet wurde, der atmet meist ehrfürchtig durch. Es gab ein Kastell, auf dem heute das Haus Bürgel erbaut ist. Überall weisen Spuren auf die römische Bevölkerung hin. In dem angeschlossenen Museum kann man sich einige Schätze aus dieser **Zeit in Ruhe** anschauen. So erfährt man dort einiges über den geschichtlichen Hintergrund, über alte Bautechniken, über Kleidungs- und Münzfunde. Fundstücke wie Haarnadeln

oder Broschen weisen darauf hin, dass hier ganze Familien gelebt haben müssen. Wenn man sich die römische Rundmühle oder eine Feuerstelle anschaut, dann kann man sich ein wenig vorstellen, wie der aufwendige Alltag abgelaufen sein könnte.

Im Osten und Süden des Hauses Bürgel befindet sich ein archäologischer **Außenpfad.** Folgt man diesem, kann man an den einzelnen Stationen alte römische Bauwerke bewundern, unter anderem ein Tor oder ein Kastellbad. Spannend ist der Nutzgarten hinter den Kastellmauern. In dessen Hochbeeten wurden Kräuter- und

Gemüsesorten eingepflanzt, mit denen Germanen, Römer und auch darauffolgende Bewohner ihre Speisen zubereiteten.

Der alte **römische Backofen** wird ab und zu wieder befeuert und das Brot, das darin gebacken wird, schmeckt einfach ganz besonders gut. Ein bisschen so, als könnte man schmecken, wie es damals gewesen sein mag.

Um sich einen guten Überblick über die Angebotsvielfalt des Hauses Bürgel zu verschaffen, lohnt es sich, am Tag des offenen Denkmals, immer am zweiten Sonntag im September, das sogenannte Bau- und Bodendenkmal zu besuchen. Denn dann wird Geschichte lebendig. Es lässt sich Einblick gewinnen in das Leben der alten Römer – wie sie wohnten, aßen, ihre Freizeit verbrachten. Außerdem gibt die **Biologische Station** zeitgleich die Möglichkeit, teilzuhaben an der heimischen Vogelkunde und der Apfelernte. Dabei kann dann beispielsweise eigener Apfelsaft gepresst werden.

Haus Bürgel
Urdenbacher Weg
40789 Monheim am Rhein
www.hausbuergel.de

Für Dich!
Eintauchen in längst vergangene Zeiten

40 RETROGEFÜHLE IM KINO

Es gibt nur noch wenige Filmkunstkinos, aber eines der lockersten und gemütlichsten ist Düsseldorf erhalten geblieben. Das Metropol besticht durch seine unkonventionelle und unprätentiöse Art.

Mittlerweile ist das Kino an der Brunnenstraße das Urgestein unter den Düsseldorfer Kinos. Gab es vor einigen Jahren noch Lichtspielhäuser wie das Residenz-Theater oder die Lichtburg, ist das Metropol mit seinen rund 80 Jahren nun das älteste Programmkino. Im früheren Saal gab es vor langer Zeit noch 800 Plätze, heute sind es nur noch 199. Dadurch ist das Kino aber auch einfach genau das, was es ist: **urgemütlich.**

Im Eingangsbereich hängen die Filmplakate des aktuellen Programms und man kann in Ruhe studieren, worum es in den einzelnen Filmen geht. Manchmal,

wenn die Glastür ein Stück geöffnet ist, weht einem dort bereits leichter Popcornduft um die Nase und die Vorfreude steigt. Man geht den langen Gang entlang, der mit alten Filmplakaten tapeziert ist. Dieser ganz eigene **Charme** macht das Metropol aus. Veränderungen gibt es kaum. Wenn, dann werden sie so behutsam eingeführt, dass sie den Besuchern nicht sofort auffallen. Viele Düsseldorfer kennen das Kino noch aus Kindertagen oder aus Zeiten, in denen lange Star-Wars-Nächte angeboten wurden.

In dem integrierten Café Playtime, das nach einem bekannten Film aus dem

Jahr 1967 benannt ist, erinnern allerlei Einrichtungsgegenstände an Szenen der Filmgeschichte. So mancher Abend klingt in dem kleinen Café noch lange aus, zum Beispiel wenn eine Erstaufführung auf dem Programm steht. Dann wird es voll in dem kleinen Kino, das sogar zwischenzeitlich von der Heinrich-Heine-Universität als Hörsaal genutzt wurde.

Sitzt man im Saal mit Popcorntüte und Getränk, überkommt einen manches Mal ein **nostalgisches Gefühl.** Denn obwohl im Metropol schon längst alles digitalisiert ist, erweckt es manchmal den Anschein, als käme der Film bis heute vom Band. In der Vorstellung rauscht es leicht im Hintergrund, das Bild wackelt ab und an oder verschwindet auch mal ganz, weil auf einmal die Rolle mittendrin gerissen ist. Das waren noch Zeiten.

Metropol Filmkunstkino
Brunnenstraße 20
40223 Düsseldorf
Tel. (02 11) 34 97 09
www.filmkunstkinos.de

Für Dich!
Filme mal nicht im Multiplexkino anschauen

41 WIE BLUMEN KUNST WERDEN

Ein Paradies für die Sinne, das sich dem eröffnet, der jede einzelne Blume wahrnimmt und zu schätzen weiß. Jede Blume ist für sich ein eigenes Kunstwerk, das es zu betrachten und zu erfühlen lohnt.

Wie staunende Kinder stehen die Menschen vor dem Geschäft von Lika Dzhalagoniya und bewundern das Angebot von Blumen und Kunstvollem, welches ihnen dargeboten wird. Mit seinem Konzept unterscheidet sich das Vardi Floral Atelier grundlegend von anderen Blumenläden. Ins Auge fällt sofort eine Vielzahl von bunten und **außergewöhnlichen Pflanzen.** Gerade Letzteres ist das, was das kleine Geschäft so reizvoll macht. Es gibt nur einen großen Tisch mit frischen Schnittblumen, das übrige florale Angebot setzt sich aus Trockenblumen zusammen, die in unterschiedlichen

Tönen eingefärbt sind. So kann man sich selbst seinen Strauß zusammenstellen, selbst einmal **Künstlerin** oder Künstler sein. Und genau so fühlt man sich auch – wie ein Kind, nur nicht im Süßwaren-, sondern im Blumenladen. Es macht Freude, sich Zeit zu lassen mit seiner Auswahl, genau zu schauen, was passt und sich dabei künstlerisch beraten zu lassen, wenn man möchte.

Mittwochs und sonntags ist das Geschäft geschlossen. Dann wird der große Tisch abgeräumt und in die Mitte des Raumes gestellt. Um ihn herum versammeln sich Interessierte, die das **Blumenste-**

cken lernen möchten oder Kränze binden wollen. Außerdem werden Malkurse angeboten und auch kleine Vorträge aus dem Bereich der Kunsthistorik. Dazu holt die Inhaberin immer wieder Experten in ihr Atelier. Sie möchte Raum bieten für Kunst und Künstler. Die Bilder im Raum stammen von ihr selbst, aber andere Objekte wie Etageren, Tischlampen oder Schmuck bietet sie von anderen Künstlern an. Und so findet sich wirklich in jeder Ecke, in jedem Regal etwas **Schönes** zum Anschauen und Staunen. Gerne lässt Lika Dzhalagoniya ihren Kunden Zeit, sich umzuschauen, ohne dabei auf die Uhr zu blicken. Selbst wenn es am Ende nur eine Blume vom bunten Tisch wird,

dann ist genau diese das Kunstobjekt des Einzelnen. Blumen sind viel mehr als nur Blumen. Jede florale Komposition ist ein eigenes Bild, ein eigenes Kunstwerk.

Vardi Floral Atelier
Lika Dzhalagoniya
Münsterstraße 9
40477 Düsseldorf
Tel. (02 11) 15 83 71 21
www.vardiflowers.de

Für Dich!
Hier darf man selbst gestalten

42 GUTE-LAUNE-SINGEN

Einfach singen. Ohne beäugt zu werden. Ohne sich selbst zu kritisieren. Für das Herz. Für die Seele. Der Ort dafür ist dort, wo Carola Laux ist: im Maxhaus, in der Friedenskirche oder im Wohnzimmer.

„Es gibt keine falschen Töne, nur Variationen." So startet ein Gesangsabend mit Carola Laux. Diese Frau schafft es damit sofort, einem die Anspannung zu nehmen und alle in ihren Bann zu ziehen mit ihrer **ansteckenden Fröhlichkeit**. Denn ein wenig aufgeregt ist man schon, wenn man dort sitzt mit vielen anderen Menschen, die alle gekommen sind, um einfach „nur" zu singen. Ein Kribbeln im Körper, weil man nicht weiß, was jetzt kommt. Aber alle zweifelnden Stimmen im Kopf dürfen für diese Zeit pausieren. Die Singstunden mit ihr heißen „Von Herz zu Herz" oder

„Happy Song" und genau darum geht es auch. Das **Herz berühren** zu lassen und zu spüren, das Singen glücklich macht. Kein einziges Mal geht es darum, eine Zeile noch einmal zu wiederholen, weil der eine oder andere Ton schief geklungen hat. Es gibt eben keine falschen Töne. Gesungen werden Lieder mit eingängigen Melodien und einem Text, der sich wiederholt, sodass die Zeilen ab einem gewissen Punkt von selbst aus dem Mund strömen. Begleitet wird der Gesang dazu am Keyboard, Klavier oder Flügel oder man singt a capella.

Aus den eben noch fremden Menschen wird eine **Gemeinschaft**, die es genießt, dieses Erlebnis miteinander zu teilen. Auch wenn die Texte kurz sind, der Inhalt trifft meist genau ins Schwarze. Manch einem füllt sich der Blick mit Tränen, wenn es auf einmal heißt: „Ich bin wichtig, weil ich richtig bin." Musik erreicht eben auf direktem Weg die Herzen der Menschen. Die meisten Sängerinnen und Sänger kaufen sich direkt im Anschluss die Eintrittskarte für die nächste Stunde mit Carola Laux. Noch Tage danach hat man diverse Ohrwürmer, die man lautstark vor sich hin summt oder singt.

Wer dieses Erlebnis einmal zu Hause mit Familie und Freunden teilen möchte, der kann Carola Laux für ein **Wohnzimmerkonzert** buchen. Und auch da ist sie wieder im Gepäck: diese ansteckende Fröhlichkeit. Das eigene Heim zu füllen mit so viel positiver Energie und so vielen Variationen gibt einem Herzfutter für die nächste Zeit.

Carola Laux
www.carolalaux.de

♡ **Für Dich!**
**Den Gefühlen durch Gesang
freien Lauf lassen**

43 WURZELN DER ACHTSAMKEIT

Man erwartet es kaum. Mitten in Niederkassel in der Nähe einer stark befahrenen Straße befindet sich hinter einem traditionellen japanischen Tor das EKŌ-Haus der Japanischen Kultur.

Wenn man das EKŌ-Haus besucht, geht es weniger darum, von außen zu schauen. Vielmehr sollte man achtsam wahrnehmen, um zu verstehen, was die japanische Kultur bedeutet. Der kleine, wunderschön angelegte Garten lässt beim Betrachten innehalten und zu jeder Jahreszeit auf eine andere Art und Weise staunen. Einen besonders schönen Anblick bietet er zweifelsohne im Frühling, wenn **Magnolien und Kirschbäume** blühen und in voller Pracht erstrahlen. Dann ist es so, als würden die grünen Hügel noch grüner strahlen. Aber auch im Herbst, wenn die Blätter der Laubbäu-me rot und orangefarben leuchten, ist der Garten ein schöner und guter **Ort zum Entschleunigen.**

Eine Führung durch die Anlage, den Tempel und die im alten Tokyo-Stil nachgebaute Wohnung ist sehr zu empfehlen, um Genaueres über die japanische Kultur zu erfahren und einen kleinen Einblick in die **buddhistische Religion** zu erhalten. Im Tempel sind die beiden Schriftzeichen „E-KŌ" zu finden. Sie bedeuten so viel wie „sanfter Glanz" oder „schenkendes Licht". Diese Worte verleihen dem Glanz des Altarraums noch mehr Gewicht.

Das EKŌ-Haus bietet zum einen den

in und um Düsseldorf lebenden Japanern einen Ort, an dem sie die Bräuche ihrer Kultur pflegen können und zum anderen können sich Interessierte einen Einblick verschaffen und so ein Stück weit an der japanischen Kultur teilhaben. Dazu bietet das EKŌ-Haus ein vielfältiges und umfangreiches Angebot an. Bei verschiedenen künstlerischen Kursen hat man beispielsweise die Möglichkeit, auf japanische Art und Weise zu gestalten. Dazu zählt die Kunst des Schönschreibens, die **Kalligrafie,** genauso wie die Tuschemalerei oder das Ikebana. Darunter versteht man die japanische Tradition, bei der Blumen kunstvoll gesteckt und arrangiert werden. Besonders beliebt sind die

regelmäßig stattfindenden Teezeremonien. Diese sind so gefragt, dass man eher langfristig planen sollte, wenn man daran teilnehmen möchte.

**EKŌ-Haus der
Japanischen Kultur e.V.**
Brüggener Weg 6
40547 Düsseldorf
Tel. (02 11) 5 77 91 80
www.eko-haus.de

Für Dich!
Hier kann man die
japanische
Kultur kennenlernen

清水

44 ALADINS BADEKULT

Das tägliche Waschen des Körpers wird in fremde Hände gegeben. Dadurch wird es zu etwas Besonderem und lässt einen verstehen, weshalb die Reinigung im Hamam für Körper und Geist gleichermaßen gilt.

Das Hamam Sahara ist wunderschön gestaltet und man fühlt sich direkt wie in einer anderen Welt. Man wird freundlich begrüßt und ganz in Ruhe in das Prozedere eingeweiht. So kann schnell die eventuell noch bestehende Anspannung abfallen.

Alles dreht sich hier um die Tradition des **orientalischen Dampfbades,** welches die Muskeln entspannt und die Haut zart pflegt. Dabei wird zuerst der Körper ausgiebig gewaschen, wodurch man sich geklärt und rein fühlt für die bevorstehende Zeremonie. In ein Tuch gehüllt, begibt man sich nun in das Dampfbad.

Die warmen Liegeflächen laden zum Verweilen ein. Hier kann man die wohltuende Wärme genießen, die reinigenden Dämpfe einatmen und die **Seele baumeln** lassen. Man spürt förmlich, wie die Muskeln weicher werden und sich entspannen.

Nach dem Dampfbad, das man nach persönlichem Gefühl wiederholen und in seiner Länge ausdehnen kann, wird der Körper mit Seife aus **Olivenöl** eingerieben, die nach einer kurzen Einwirkzeit mit warmem Wasser wieder abgespült wird. Nachdem man nun noch einmal kurz in das Dampfbad gegangen ist, folgt ein Ganzkörperpeeling. Mit einem Sisalhandschuh werden Hautschuppen entfernt und gleichzeitig auch die Durchblutung des Bindegewebes angeregt. Danach sieht die Haut ganz rosig aus und fühlt sich samtweich an. Es gibt nun noch eine sanfte **Massage** des Körpers mit Seifenschaum, an die sich eine weitere ausgiebige Ölmassage anschließen kann oder man trocknet sich langsam und bewusst ab, um sich dann in den Ruheraum zurückzuziehen.

Dort lässt man auf einer Liege die Behandlung nachwirken. Bei einem **Glas Tee** kann man so lange liegen bleiben, wie man mag. Man ist nun ganz bei sich. Wie fühlt sich der Körper jetzt an im Vergleich zu vorher? Hatte die Zeremonie auch Einfluss auf die **Aktivität meines Geistes?**

Es lohnt sich, das Hamam ein weiteres Mal zu besuchen. Denn dann weiß man bereits um den Ablauf und kann sich noch besser und fließender auf die entspannende Behandlung einlassen.

Hamam Sahara
Mintropstraße 21
40215 Düsseldorf
Tel. (02 11) 2 71 33 21
www.hamamsahara.de

Für Dich!
Wohltuende Reinigung von außen und innen

45 LOSLASSEN ERWÜNSCHT

Sich mit den eigenen Haltungsmustern zu beschäftigen, kann helfen, beweglicher durchs Leben zu gehen. Wer dabei sanft und einfühlsam begleitet werden möchte, ist bei Dorothee Krümmel gut aufgehoben.

Ein angenehmer Duft liegt in der Luft, wenn Dorothee Krümmel die Tür zu ihrer Praxis öffnet. Dieser stammt von einem ganz besonderen Kräutertee aus Frankreich, von dem man während des Vorgesprächs eine Tasse trinken kann, wenn man möchte. Sehr einfühlsam fragt Dorothee Krümmel nach, was der Grund für einen Besuch bei ihr ist, wo es Schmerzen und Verhärtungen gibt. Sie lässt aber auch Gesagtes stehen, wenn sie spürt, dass es reicht. **Spüren –** das ist die passende Überschrift für eine Behandlung in der ganzheitlichen Praxis. Dorothee Krümmel ist Osteopathin, aber ebenso Lehrerin für Qigong und damit vereint sie das Wissen über den menschlichen Körper mit der **fernöstlichen Energielehre.** Sie erspürt den Körper mit ihren Händen, aber auch mit ihrer gesamten Wahrnehmung. Dabei bemerkt sie im Körper Pulsierendes und Schwingungen, wodurch sie Blockaden aufspüren kann oder einfach Körperteile entdeckt, denen einmal „Hallo" gesagt werden sollte.

Dieses Begrüßen und die weitere Behandlung finden in einem Raum statt, der stilvoll, klar und mit viel **Liebe zum Detail** eingerichtet ist. Jedes Stück hat eine Bewandtnis und eine eigene Geschichte.

So hängen an der Wand drei Fotografien, auf denen Häuserfassaden abgebildet sind. Aber nicht in frontaler Ansicht, sondern vielmehr ihre im Wasser fotografierten Spiegelbilder. Genauso verhält es sich auch mit einer großen und in Grüntönen gehaltenen Fotografie, bei der die Bäume der Allee am Kö-Graben zu sehen sind. So wie sich auf den Wasserbildern das Feste im Flüssigen zu bewegen scheint, so nimmt Dorothee Krümmel auch den Menschen wahr.

Mit ihrer Behandlung möchte sie Menschen mit Schmerzen unterstützen und bei bei ihnen ein Gespür für dieses **Fließende** bewirken, damit eine neue Art von Beweglichkeit möglich ist. Diese Fähigkeit zur Selbstorganisation entstammt

einem speziellen Zweig der Osteopathie, der sich Ortho-Bionomy nennt. Zu jeder Zeit fühlt man sich in Dorothee Krümmels Händen wohl, weil sie die gesamte Zeit sehr wertschätzend agiert.

Praxis für Osteopathie und Ortho-Bionomy
Dorothee Krümmel
Schinkelstraße 78
40211 Düsseldorf
Tel. (01 57) 34 65 22 31
www.praxis-kruemmel.de

 Für Dich!
Selbstheilungskräfte werden einfühlsam aktiviert

Körper und Geist im Einklang

Qigong – Mit Bewegungen die Energie zum Fließen bringen

Der Legende nach entstand Qigong als Ergebnis einer nicht enden wollenden Schlechtwetterperiode, durch die beim Volk der Tang Yao in China allerlei trübe Gedanken und Gelenkbeschwerden auftraten. Daraufhin empfahlen Heilkundige rhythmische Bewegungen, die erst unter dem Begriff Yangsheng zusammengefasst wurden und seit Mitte des 20. Jahrhunderts als Qigong bekannt wurden. Dabei geht es um die Arbeit mit der **Lebensenergie** oder dem Lebensatem „Qi".

Im unteren Bauchraum und im Nierenbereich sind die wesentlichen Energiezentren, die uns als Menschen Energie geben. Diese gilt es zu erhalten. Wenn eine Krankheit oder Blockade im Körper besteht, dann ist das ein Anzeichen für einen Energiestau. Damit das Qi wieder ins Fließen kommt, werden verschiedene sanfte und fließende Bewegungen ausgeführt.

Bestenfalls entsteht aber ein solcher Energiestau erst gar nicht, da Qigong dazu beitragen soll, den Menschen gesund zu erhalten. Die **positive Wirkung** von Qigong ist sehr umfangreich. So wirkt sich das regelmäßige Üben unter anderem darauf aus, Muskelverspannungen zu lösen und die Beweglichkeit des Körpers zu fördern. Aber auch die Beweglichkeit des Geistes wird erhalten, sodass Qigong dabei helfen kann, sich besser zu konzentrieren. Haut und Augen werden zum Strahlen gebracht und das Verdauungssystem wird reguliert.

Wer einmal das Glück hatte, Menschen beim Ausüben von Qigong zuschauen zu dürfen, der konnte beobachten, dass es kaum eine würdevollere Art der Bewegung gibt. Konzentriert werden Atem-, Bewegungs- und Meditationsübungen fast wie in Zeitlupe ausgeführt.

Eine Übung für Ruhe und Gelassenheit:

1. Stell dich aufrecht hin. Die Füße stehen in etwa schulterbreit auseinander.
2. Halte die linke Hand vor den Unterbauch. Dabei zeigt die Handfläche nach oben.
3. Die rechte Hand wird etwa mit dem Abstand von zwei Fäusten darüber gehalten. Dabei zeigt die Handfläche nach unten.
4. Nimm gedanklich den Raum zwischen den beiden Händen wahr und lass dabei das Bild eines hellen, warmen Balles entstehen.
5. Drehe dann langsam die Hände so, dass nun die rechte Hand unten vor dem Unterbauch gehalten wird und die linke Hand darüber. Die Bewegung sieht so aus, als würdest du die runde Form des Balles mit den Händen umfahren.
6. Wiederhole diese Bewegung mehrere Male fließend.
7. Halte abschließend die Hände in Bauchhöhe nebeneinander und betrachte deine Handflächen. Wie fühlst du dich jetzt?

46 DEN TIEREN GANZ NAH

Der Vormittag ist eine gute Zeit, wenn man als Erwachsener die Tiere im Südpark besuchen möchte. Gut ausgestattet mit einem Päckchen Trockenfutter vom Automaten vor Ort geht es los.

Erblicken die Tiere die grüne Verpackung des Futters, kommen meist Schafe und Ziegen schon von selbst angelaufen. So frühmorgens haben sie noch Appetit, kommt der große Ansturm von Futtergebenden doch erst später. Man sollte in sich hineinhorchen, ob man es an dem Tag eher mit den ruhigen Schafen oder den frechen Ziegen aufnehmen möchte. Wenn die Schafe noch nicht geschoren sind, dann ist es etwas Besonderes, in ihr üppiges Fell zu greifen und nach **Herzenslust** zu streicheln. Zugegeben – hat man noch wenig Erfahrung, kostet es zunächst ein wenig Überwindung. Aber wenn man einmal Vertrauen zu seinem Lieblingsschaf gefasst hat, dann ist es schwer, sich irgendwann wieder von ihm zu trennen. Die Ziegen sind ein wenig empört, dass sie nun vom Inhalt der grünen Packung nichts mehr abbekommen sollen. Vielleicht doch noch eine zweite kaufen?

Neben den Schafen und Ziegen sind die zwei Esel schön zu beobachten. Der eigentliche **Hingucker** ist aber Schwein Doris: Rosafarbener Körper und dunkel gefärbter Kopf und so viel Tier auf einmal. Meist ist Doris ein gutes Vorbild in Sachen Entspannung. Selten sieht man sie in Bewegung, sondern vielmehr in ruhender Position im Schlamm oder drinnen im Stall.

Vorbei an Hühnern, Gänsen und Kaninchen ist der Garten mit einer Mischung aus Zier- und Nutzpflanzen direkt im Nebenbereich auf jeden Fall einen Besuch wert. Auch wenn er klein ist, herrscht hier solch eine **Farbenpracht,** dass es genug zu sehen und zu erschnuppern gibt. Einen schönen Abschluss bildet ein Besuch im angeschlossenen Café der Werkstatt für angepasste Arbeit. Hier kann man, nachdem man sich fürsorglich um die Tiere gekümmert hat, nun Fürsorge für sich betreiben und zwischen Frühstück, Milchreis und vielen verschiedenen

Kuchen wählen. Lecker ist alles. Wenn man sich gestärkt hat, zieht es einen doch ein letztes Mal zum **Lieblingsschaf:** Das Fell noch einmal durchwuscheln und sich verabschieden mit den Worten: „Bis zum nächsten Mal."

Bauernhof Südpark
In den Großen Banden 58
40225 Düsseldorf
www.wfaa.de

Für Dich!
Tiere streicheln, Blumen gucken und Kuchen essen

47 STÄRKE DURCH STRÖME

Wer im Energieschlösschen eine Behandlung erhält, kann sich glücklich schätzen. Denn es ist nahezu unmöglich, nicht gestärkt nach einer etwa einstündigen Jin-Shin-Jyutsu-Sitzung nach Hause zu gehen.

Angelika Geurts empfängt einen in ihrem kleinen „Schloss" mit sehr viel **Achtsamkeit,** Herzenswärme und einem wertschätzenden Blick. Ganz in Ruhe darf man erzählen, wo der Schuh drückt, an welchen Stellen im Körper Verspannungen herrschen. Behandelt werden können sämtliche Alltagsbeschwerden, aber auch chronische Erkrankungen. Sogar Operationen und Notfälle können mit den **Heilströmen** begleitet werden. Und selbst, wenn alles in Ordnung ist, keine Beschwerde im Vordergrund steht, kann geströmt werden. Jin Shin Jyutsu ist einfach eine

Wohltat für Körper und Seele, ein Auftanken für den Organismus.

Bevor das eigentliche Strömen beginnt, wird per Pulsdiagnose festgestellt, in welchen Energiebahnen im Körper ein Energiestau oder ein Energiemangel herrscht. Dann weiß Angelika Geurts genau, wo sie mit ihrer Behandlung ansetzen darf. Während man bequem auf einer breiten Liege liegt, werden meist beide Hände auf die sogenannten „Energieschlösser" aufgelegt. Dann beginnt das eigentliche Strömen. Dabei wird keine Energie von außen in den Körper gegeben, vielmehr kann man es sich vorstellen wie eine Art Initialzündung, eine Starthilfe, um die Energie in bestimmten Bahnen wieder ins Fließen zu bringen. Wie sich das genau anfühlt, ist bei jedem Menschen individuell. Der eine spürt, wie die einzelnen Körperstellen immer wärmer werden, ein anderer merkt, wie es zu pulsieren beginnt und wie das Leben sprichwörtlich durch die Adern fließt. So oder so – es ist einfach faszinierend, so bewusst zu spüren, wie die eigene Energie ins Fließen kommt.

Mit Jin Shin Jyutsu kann sich jeder Mensch selbst helfen. So ist es Angelika Geurts ein Anliegen, bei den Behandlungen weitere Tipps zu geben, an welchen Punkten und wie genau zu Hause weitergeströmt werden kann. Außerdem

kann man in wöchentlich oder monatlich stattfindenden Strömgruppen bei ihr lernen, wie beispielsweise der sogenannte „Königsstrom der Selbsthilfe" gelingen und wie sich die Kraft des Strömens in der Gruppe entfalten kann.

Energieschlösschen Jin Shin Jyutsu
Angelika Geurts
Volmerswerther Straße 191
40221 Düsseldorf
Tel. (01 78) 2 83 61 48
www.energieschlösschen.de

Für Dich!
Die Energie in die richtigen Bahnen lenken lassen

48 ZAUBERWELTEN AUS FILZ

Zwischen „Düwis" und anderen zauberhaften Wesen taucht man ein in eine Welt, die nach Filzwolle und Olivenseife duftet. Oben im Dachgeschoss wird mit den Händen Kunstvolles erschaffen.

Wer das Haus der Kunstschule aki n betritt, wird zunächst herzlich von der Leiterin Inga Dünkelberg-Niemann begrüßt. Direkt hat man das Gefühl, an einem ganz **besonderen Ort** zu sein. Es ist das Zuhause einer Künstlerin, die seit vielen Jahren ihre Kunstfertigkeit, ihre Gedanken und Ideen an ihre Schülerinnen und Schüler weitergibt. Und glücklicherweise nicht nur an kleine, sondern auch an große Lernwillige! Altersbegrenzungen nach oben gibt es keine. Je nach Jahreszeit und Witterung kann man das Filzen im verwunschenen Garten oder im gemütlichen Dachatelier erlernen und

umsetzen. Man kann **frei entscheiden,** ob man gemeinsam mit Freunden oder der Familie oder lieber allein filzen möchte. Auch das Thema ist frei wählbar. Ansonsten gibt Inga gerne Anregungen und Tipps, was machbar und realistisch ist.

Sitzt man nun an dem großen Tisch, umgeben von allerlei bunter Filzwolle, hochwertiger Olivenseife und Wasser, geht es los. Filzen ist nicht schnell erledigt, mehrere Arbeitsschritte müssen sorgsam hintereinander ausgeführt werden. Besonders ist, dass es bei Inga keine Wasserschlacht gibt, vielmehr geht es darum, achtsam zu schauen, wie viel Wasser und Seife wirklich nötig sind. Ab und an schweift während des Auszupfens doch der Blick umher und dabei lassen sich weitere wundersame Figuren im Atelier entdecken. Die „Düwis", die von Inga so benannten **Düsseldorfer Wichtel,** übernehmen wohl ab und an sogar das Aufräumen und gegebenenfalls das Beenden von Filzarbeiten, sofern eine Arbeit noch den letzten Schliff benötigt. Ansonsten lohnt es sich sicherlich, direkt einen weiteren Termin zum Filzen mit Inga zu vereinbaren.

Inga bietet neben dem Filzen noch eine weitere **künstlerische Technik** an, die ebenso reizvoll klingt. Bei Kursen im meditativen Zeichnen wird zwar mit Stift und Papier gearbeitet, dennoch hat es sehr viel mit dem Filzen gemeinsam. Auch hier geht es um sanfte Bewegungen, um das Spüren und das Herstellen einer Verbindung zwischen sich und dem Kunstwerk.

Filzschule aki n
Inga Dünkelberg-Niemann
Sengelsweg 22
40489 Düsseldorf
Tel. (02 03) 4 84 97 55
www.aki-filz.de

♡ **Für Dich!**
Mit Filzen selbst
Kunst erschaffen

49 NATUR PUR AUF DEM KOPF

Eine angenehme, ruhige Atmosphäre schwingt dem entgegen, der die Tür zu Petra Moschs kleinem Laden öffnet. Alles ist dort mit viel Liebe gestaltet. Wie ein Gast wird jeder Kunde herzenswarm empfangen.

Man sieht sofort, dass es nicht um ein schnelles Abarbeiten von Terminen geht, sondern dass die Kunden sich wohlfühlen sollen. Ein Erspüren, ein Wahr- und Ernstnehmen der Kundenbedürfnisse steht ganz klar im Vordergrund.

In ihrer Beratung geht Petra Mosch stets behutsam vor, hat aber klare Standpunkte. Getönt und gefärbt wird ausschließlich mit **Naturprodukten.** Das bedeutet aber auch, dass ein Aufhellen der Haare hier nicht stattfindet. Denn zum Blondieren würde es viel Chemie brauchen und die gibt es bei Organic einfach nicht. So greift Petra Mosch auch bei der Verwendung von Haarwaschmitteln auf natürliche Produkte zurück. Diese duften gut und es gibt einem ein gutes Gefühl zu wissen, dass sich auf der Kopfhaut keine Chemie tummelt.

Ein **achtsamer Umgang** mit Mensch, Tier und Natur ist der Friseurin wichtig. Kein Lebewesen soll Leid erfahren müssen. Ihr Leitspruch lautet: „Lokah Samastah Sukhino Bhavantu", was sich übersetzen lässt mit: „Mögen alle Lebewesen glücklich und frei sein." Dieses Mantra stammt aus dem indischen Sanskrit und deutet gleichzeitig auf Petra Moschs weitere Tätigkeit hin. Als Yogalehrerin gibt sie

ihren Teilnehmern weiter, wie bedeutsam es ist, gut und achtsam mit sich umzugehen. Dabei geht es immer darum, in einen **liebevollen Kontakt** mit sich selbst zu kommen, um so gelassener mit den Herausforderungen des Lebens umgehen zu können. Diese Haltung fließt in all ihre Tätigkeiten mit ein, wodurch es passieren kann, dass man bei einem Besuch im Organic viel mehr mitnimmt als „nur" einen neuen Haarschnitt. Dieser ganzheitliche Blick auf alles führt dazu, dass man sich **rundum wohlfühlt.**

Und während im Hintergrund ein Tischbrunnen plätschert und man sich angeregt mit den anderen Kunden im Geschäft unterhält, kommen schon die nächsten Kunden zur Tür herein, die sich auf diese besondere Atmosphäre freuen und sofort miteinander ins Gespräch kommen.

Organic – schöne Haare
Naturfriseurin Petra Mosch
Suitbertusstraße 90
40223 Düsseldorf
Tel. (02 11) 13 95 14 13
www.organic-naturfriseurin.
jimdofree.com

Für Dich!
Sich rundum wohlfühlen beim Friseurbesuch

50 REIZVOLLE RHEINBLICKE

Wenn sich die Frühlingssonne erstmals zeigt, gibt es in Volmerswerth einen guten Startpunkt für einen Spaziergang. Ganz zuverlässig steht an der Insula Volmari ein Eiswagen und wartet auf Spaziergänger.

Zwar beginnt hier am Ende der Volmerswerther Straße der etwa einstündige Spaziergang erst, jedoch wird es bis Hamm keine weitere Chance auf Eis geben. Wer es ganz ruhig angehen möchte, verweilt noch auf der Insula Volmari, der Volmerswerther Insel. Die drei Bänke in dem angelegten begrünten Kreis laden mit Blick auf den Rhein dazu ein, hier für einen **Moment innezuhalten.** Man wird mit einer herrlichen Aussicht belohnt. Die Sonne glitzert auf dem Rhein, auf dem Schiffe, Ruderboote und Wasservögel vorbeiziehen.

Dann geht es los Richtung Hamm.

Wer unsicher sein sollte, wo es lang geht, der richtet sich einfach nach den Feldern und Gewächshäusern, die den Weg zuverlässig säumen. Gepflanzt werden hier verschiedene Arten von Blumen, aber auch Gemüsesorten, so zum Beispiel Kohl. Dieser ist zeitweilig nicht nur zu sehen, sondern auch zu riechen.

An einigen Stellen besteht die Möglichkeit, den Hauptweg auf dem Damm gegen einen schmaleren Weg, der am Rheinufer entlangführt, zu verlassen. Und das ist wirklich empfehlenswert, um besondere Momente in **Achtsamkeit** zu erleben. Denn hier gelingt es, ganz für sich zu sein. Es lohnt sich, die Augen offen zu halten und allerlei schöne Pflanzen und einige Kräuter wie Löwenzahn, Taubnesseln oder Roten Klee zu entdecken, die als Salat, zum Würzen oder Heilen eingesetzt werden können. Wer **Glück** hat, begegnet auf der Strecke der Schafherde, die Tag um Tag die Wiesen am Rheinufer auf ihre Weise mäht.

Ungefähr auf der Hälfte des Weges markiert ein Schild das geografische Ende von Volmerswerth und den Beginn von Hamm. Von dort aus lässt sich bereits gut die Josef-Kardinal-Frings-Brücke sehen, die im Volksmund bis heute einfach die Südbrücke ist. Hier sollte der Spaziergang aber nicht zu Ende sein. Es lohnt sich, den

Weg am Rande des Stadtteils an der Mauer entlang weiterzugehen. Die Gaststätte Hammer Blick, die verdienterweise diesen Namen trägt, lädt zum **Verweilen** ein, um alle Eindrücke noch einmal Revue passieren zu lassen. Vielleicht darf es nach dem Marsch nun doch noch ein Eis sein?

Spaziergang von Volmerswerth nach Hamm
Volmerswerther Straße/
Auf dem Rheindamm,
40221 Düsseldorf

Für Dich!
Spaziergang am Rhein mit Eis als Belohnung

51 MUSIK IM STERNENRUND

Sie ist nicht nur von außen schön anzusehen, vor allem wenn in der Dunkelheit die Lichter die besondere Form des Baus betonen, sondern auch von innen: die Tonhalle in Düsseldorf.

Ursprünglich sollte sie als Planetarium genutzt werden. Dies erklärt die außergewöhnliche kuppelartige Architektur der Tonhalle. Auch heute noch kann das Dach verdunkelt werden und dann entsteht im großen Konzertsaal eine ganz **besondere Atmosphäre.** Egal, ob man im Innenraum sitzt oder auf den Rängen, die im Rund arrangiert sind. Von allen Seiten hat man einen guten Blick auf die Bühne und ein noch besseres Hörerlebnis. Der außergewöhnlich gute Klang der Tonhalle lockt immer wieder die besten und interessantesten Musiker an, die hier auftreten möchten.

Viele musikalische Reihen greifen den geschichtlichen Hintergrund der Planetariumsidee auf und nennen sich Sternstunden, Sternzeichen oder Fixsterne. Die Reihe Fixsterne greift Feste im **Jahreslauf** auf und lässt sie mit musikalischen Inhalten füllen. So gibt es ein Weihnachtssingen, ein Neujahrs- oder Karnevalskonzert. Hinter den Sternzeichen verbergen sich Konzerte mit den Düsseldorfer Symphonikern und in der Supernova-Reihe wird neue oder neueste Musik aufgespielt. Schön ist auch, dass es immer wieder humorvolle Reihen gibt wie die sehr beliebte „Ehring geht ins Kon-

STERNSTUNDE

zert". Hier kommen „diebischer Witz" und „atemberaubender" Klang zusammen.

Manchmal finden Veranstaltungen in der Rotunde im Foyer statt. Bei den Cafékonzerten zum Beispiel kann man mit einer Tasse Tee oder Kaffee in der Hand dem Tea-Time-Ensemble lauschen, welches ein Repertoire von Stücken zum Besten gibt, die ursprünglich in den alten Caféhäusern gespielt wurden. Fast ist es etwas merkwürdig, hier so unkonventionell zu sitzen, und das macht den besonderen Charme der Tonhalle aus. Sie ist **schick und doch bodenständig –** ein Stück Düsseldorf eben.

Wenn das Wetter schön und warm genug ist, dann öffnet die Tonhallenter-rasse. Hier kann man im **Liegestuhl** mit Blick auf den Rhein und die Oberkassler Brücke ein Getränk zu sich nehmen, bevor oder nachdem man im Konzert war. Aber das geht natürlich auch so, wenn man einfach das Tonhallenambiente genießen möchte.

 Tonhalle Düsseldorf
Ehrenhof 1
40479 Düsseldorf
www.tonhalle.de

 **Für Dich!**
Musikalischer Hochgenuss im ehemaligen Planetarium

52 EINMAL UM DIE WELT

Wandeln zwischen heimischen Pflanzen und Gewächsen aus aller Welt. Staunend die Wege entlangschlendern und die Vielfalt der Natur entdecken. Der Botanische Garten lädt zum Verweilen ein.

Im Botanischen Garten lässt sich gut und gerne ein halber, wenn nicht gar ein ganzer Tag verbringen. Es empfiehlt sich, Proviant einzupacken für eine Reise durch die Flora und Fauna der ganzen Welt. Ein Ausgangs- und Ankerpunkt kann dabei die große Kuppel sein, die aus den verschiedenen Windrichtungen zu sehen ist. In der Kuppel und um sie herum geht es etwas exotischer zu. Palmen und ausgefallene Kakteen haben hier ihren Platz. Alles ist sehr gepflegt und es ist förmlich zu spüren, mit wie viel **Wissen und Liebe** die Pflanzen gehegt werden. Neben dem kleinen Bauerngarten befin-

det sich ein Lavendelfeld. Vielleicht ist es nicht ganz so groß wie in der Provence, aber dennoch wunderbar duftend und beruhigend – provenzalisches Flair im Kleinformat. Viele Wege zweigen immer mal wieder ab; es ist schwer, sich zu entscheiden, in welche Richtung es als Nächstes gehen soll. Schreite ich zuerst durch die von Rosen umsäumte **Pergola** oder verweile ich auf der besonderen Sitzgelegenheit, einem großen Baumstumpf, aus welchem vier Sitzplätze gezimmert wurden? Es ist schön, sich von seiner **Intuition,** seinem Bauchgefühl, leiten zu lassen, zu verweilen und von einem zum nächsten schönen Fleck weiterzugehen. Zum Beispiel führt ein Weg durch den Nutz- in den Apothekergarten, wo man viele hilfreiche Informationen erfährt. Wer diese Flächen gesehen hat, kann getrost ein Päuschen machen, denn flächenmäßig kommt noch ungefähr dreimal so viel wie bisher. Pflanzen aus Amerika, Gewächse aus Asien, eine kleine Moorlandschaft sowie mehrere Konifereninseln warten darauf, entdeckt zu werden.

Wer spürt, dass er noch mehr über die **Geheimnisse** und Besonderheiten des Botanischen Gartens erfahren möchte, dem sei eine Führung des Freundeskreises empfohlen. Hier kann man zwischen einer Sonntagsführung, einem nächtlichen Spaziergang oder einer Führung durch den Apotheker- und Bauerngarten wählen.

Botanischer Garten
Heinrich-Heine-Universität
Universitätsstraße 1
40225 Düsseldorf
www.botanischergarten.hhu.de

♡ **Für Dich!**
**Eine entspannte Reise
durch die Pflanzenwelt**

53 KLANGVOLLE MASSAGE

Die entspannende und ausgleichende Wirkung einer Klangmassage schätzen viele Menschen. Denn die Schalen erzeugen Schwingungen, die sofort das Gehirn erreichen und dort für Entspannung sorgen.

In der Praxis Focus Mensch fühlt man sich direkt gut aufgehoben und spürt, dass der Name Programm ist. Vor der ersten Klangmassage gibt es ein ausführliches Gespräch, in dem nicht nur abgefragt wird, wo sich genau im Körper die kleineren und größeren Baustellen befinden. Man darf sagen, mit welcher Absicht man die nach Peter Hess ausgebildete Klangtherapeutin aufsucht. Susanne Adolfs **hört genau hin** und erspürt, was ihr Gegenüber in dem Moment braucht.

Die Klangschalen, die Susanne Adolfs nutzt, sind ganz besonders. Der Klang jeder einzelnen Schale schwingt lange und in Harmonie mit den anderen nach. Durch das Anspielen der Klangschalen geraten alle Zellen im Körper in **Bewegung**. Wie in einer Schneekugel, die man schüttelt und deren Flocken danach in Ruhe zu Boden sinken, kommt es im Körper für die Zellen nach der Massage zu einer Ruhe in geordneten Bahnen. Es ist nicht nur beeindruckend, die **Harmonie** der Schalen zu hören. Es ist auch faszinierend, sich diese anzuschauen. Von Schalen in Handtellergröße bis hin zu Schalen, die man mit seinen Armen einmal ganz umgreifen kann, ist alles dabei.

Nachdem man sich auf die Liege gelegt hat, stellt Susanne Adolfs die ausgewählten Klangschalen um den Körper herum und führt einen auf Wunsch auch mithilfe von Bildern in einen Ruhezustand. Die Schalen werden in einem ganz eigenen **Rhythmus** angeschlagen. Dabei lässt sich Susanne Adolfs von ihrer Intuition und von ihrem Gehör leiten. Sie kann heraushören, wie sich der Klang verändert, wenn **Schwingungen** auf eine Blockade im Körper treffen. Dann wird dieser Bereich zwar angespielt, aber nicht in den Mittelpunkt gestellt. Die eigentliche Arbeit geht bei der Klangmassage immer von der Spannung oder Blockade weg. Im Körper geschieht so oder so ganz viel. Eine Massage auf diese Art kann dabei helfen, sowohl Spannungen als auch Themen loszulassen, die einen belasten und sich im Körper festgesetzt haben.

Durch das ganzheitliche Arbeiten mit den Klangschalen wird eine Verbindung geschaffen zwischen Kopf, Körper und Geist.

Focus Mensch
Susanne Adolfs
Henkenheide 36 b
40724 Hilden,
Tel. (0 21 03) 24 20 07
www.focus-mensch-hilden.de

Für Dich!
Mit Schwingungen Spannungen und Blockaden lösen

54 EINE WELT FÜR SICH

An einem der nördlichsten Flecken in der Stadt muss man sich nicht auf die Suche nach einem Ort machen, an dem man eine gute Zeit verbringen kann. Warum genau? Weil ganz Kaiserswerth so ein Ort ist!

Fängt man den Rundgang am Fähranleger an, weil man beispielsweise mit einem Schiff der Weissen Flotte von der Altstadt bis nach Kaiserswerth geschippert wurde, wird das Bild ganz klar beherrscht von der Kaiserpfalz. Die alte Burgruine des sagenumwobenen Kaisers Barbarossa steht dort groß und mächtig und lässt erahnen, dass sich hier vor vielen Jahrhunderten wichtige historische Begebenheiten ereignet haben. Einzelne Bereiche der **Kaiserpfalz** lassen sich noch besteigen, sodass ein Blick durch ein altes „Fenster" zum Rhein möglich ist.

Direkt daneben befindet sich die Gaststätte **Galerie Burghof.** Hier kann man seinen Kaffee oder das Altbier mit Blick auf den Rhein genießen, auch von drinnen. Bei schönem Wetter hat allerdings der Biergarten geöffnet und dann ist klar, wo sich die Besucher Kaiserswerths am liebsten aufhalten. Geht man von hier aus nur wenige Schritte Richtung Stadtkern, gelangt man zur Basilika **St. Suitbertus** am Stiftsplatz. Dies ist ein weiterer wichtiger historischer Ort, liegen doch in der romanischen Kirche die Gebeine des heiligen Suitbertus begraben.

Vom Stiftsplatz aus erstreckt sich eine der schönsten kleinen Gassen des Stadt-

EINFACHSCHÖN

teils. Alles sieht einladend und gemütlich aus. Auf der Suche nach der schönsten Häuserfassade kommen gleich mehrere in die engere Auswahl und lassen die Entscheidung offen. Über ein mögliches Ergebnis lässt sich in einem der vielen kleinen Cafés oder gar in der **Bar Barossa** nachsinnen. Bei gutem Wetter geht das auch gut in den Lokalen am Kaiserswerther Markt. Dort ist immer etwas los. Die kleinen Geschäfte hier legen viel Wert auf schöne Gestaltung und kreative Details und laden dadurch ausdrücklich zum Bummeln ein.

Ohne im **Klemensviertel** gewesen zu sein, sollte man Kaiserswerth allerdings nicht verlassen. Dort herrscht ein besonderes **Flair.** Auf kleinem Raum findet man hier alles, was das Herz begehrt. Und dabei ist es einfach nur gemütlich.

Kaiserswerth
40489 Düsseldorf

Für Dich!
Stadtteil mit Burg, Gassen, Cafés und Flair

55 WEIHNACHT-LICHE GEFÜHLE

An den Wochenenden vor Weihnachten verwandelt sich die Umgebung um das Schloss Benrath in die Kulisse eines Weihnachtsmärchens. Die Lichter und Sterne glitzern schon von Weitem.

Rund um den Spiegelweiher entsteht seit einigen Jahren in der Adventszeit ein kleines Weihnachtsdorf vor der historischen Kulisse des Benrather Schlosses. Das besondere **Lichtkonzept** begleitet den Besucher vom Eingang bis über den gesamten Markt. Kugeln, die ein warmes Licht verströmen, erleuchten den Weg. Wenn sich die großen und kleinen Lichter in dem großen Weiher spiegeln und die hell erleuchteten Tannen das Schloss umrahmen, dann fühlt sich das einfach besonders weihnachtlich an.

Neben den klassischen Gastronomieständen mit Bratwurst, Crêpes und Glüh-

wein gibt es zwischendurch immer etwas Außergewöhnliches wie Flammlachs oder traditionell hergestellte Lebkuchen. Ausgewählte **Kunsthandwerker** bieten hier ihre Waren an. So gibt es Räuchermännchen und Baumanhänger, aber auch Postkarten, die selbst ein kleines Kunstwerk darstellen. Wenn man die Pop-up-Karten öffnet, entfalten sich beispielsweise die Skyline von Paris oder der Kölner Dom. Und bestimmt gibt es bald auch den Schlossturm oder die Lambertuskirche in dieser speziellen 3-D-Technik. Private Anbieter mit kreativen Ideen findet man ebenfalls, genauso wie Stände mit handgefertigtem Schmuck oder Edelsteinen, was gut in das **Schlossambiente** passt.

Wer mag, kann schon etwas früher kommen und an dem Rahmenprogramm teilnehmen, das angeboten wird. Das Schloss hat meist bis abends geöffnet. Dort darf man, geführt von der Kammerzofe Freifrau Luise von Ketschau, die ehemaligen **Gemächer** von Kurfürstin Elisabeth Auguste betrachten. Wenn dabei der Blick nach draußen auf die Marktstände und den glitzernden Spiegelweiher wandert, dann fühlt man sich zurückversetzt in das Düsseldorf des 18. Jahrhunderts.

Manchmal treten auch Chöre auf und geben **Weihnachtslieder** zum Besten. Mitsingen ist erlaubt und gewollt. Wenn

man sich danach noch auf einen Glühwein oder Punsch mit lieben Menschen um einen Tisch gesellt, klingen die Lieder nach und man fühlt tief im Herzen: Weihnachten ist schon ganz nah!

Weihnachtsmarkt am Schloss Benrath
Benrather Schlossallee 100
40597 Düsseldorf
www.schloss-benrath.de

Für Dich!
Einstimmung aufs Christfest in besonderem Ambiente

56 DAS ELFEN- AUGE IM BLICK

Im Schlosspark Heltorf hat man das Gefühl, dass jederzeit ein kleiner Waldkobold oder ein anderes mystisches Wesen um die Ecke schauen könnte. Rund um den großen Teich lädt die Flora zum Staunen ein.

Dieser Weg empfiehlt sich, wenn man aus Richtung Angermund kommt. Die Heltorfer Schlossallee verläuft vorbei an Feldern und Wiesen, und der Angerbach zeigt dem Spaziergänger zuverlässig den Weg. Man kommt dabei zwar am Schloss vorbei und kann es durch das große Tor auch erblicken, es ist jedoch nicht öffentlich zugänglich, da es privat genutzt wird.

Getrost kann man sich dann in Richtung Park wenden, da dieser ebenso eine Menge für Augen, Ohren und Nase zu bieten hat. Geöffnet hat der Park übrigens von Anfang Mai bis Ende Oktober. Besonders wenn im Frühjahr und Som-

mer der **Rhododendron** blüht, lockt der Schlosspark staunende Menschen an. Er erstrahlt dann in den leuchtendsten Farben. Lässt sich hier im Park doch die zweitälteste Pflanzung von Rhododendren in ganz Deutschland finden.

Eine ganz besondere Atmosphäre herrscht aber zur Herbstzeit. Dann hat der Park etwas Mystisches. Mitten im Schlossweiher wächst auf einer kleinen Insel ein Baum in die Höhe und ein anderer streckt sich vom Ufer hinüber. Und es sieht so aus, als wolle er dieses mit seinen Ästen erreichen. Rundherum sprießen **Pilze** verschiedener Art in die Höhe. Egal,

VON BAUM ZU BAUM

Deine Kraftquelle

wo man hinsieht, erblickt man imposante Baumgestalten mit starken, gut gewachsenen Ästen. Wer Glück hat, findet auch das Elfenauge in dem großen Baum, der gut von den Kühen auf der gegenüberliegenden Weide bewacht wird. Bei einem Elfenauge sind zwei Äste miteinander verwachsen. Man sagt diesem nach, dass dort besonders viel **Lebenskraft** herrscht. Hier kann man sich gut aufhalten, wenn man sich sammeln und Kraft tanken möchte. Im Heltorfer Schlosspark gibt es allein 700 (!) verschiedene Baumarten. Die Chancen stehen also sehr gut, noch weitere besondere Bäume zu entdecken.

Der Park wurde in den letzten Jahrhunderten stets vergrößert, sodass man auf insgesamt 12 Kilometern wandeln und dabei dem ein oder anderen Vogel beim Zwitschern zuhören kann, dessen Gesang man in der Stadt wohl nicht hören wird.

Schlosspark Heltorf
Heltorfer Schlossallee 100 oder
Eingang Froschenteich
www.forst-graf-spee.de

Für Dich!
Auf Entdeckungstour im idyllischen Park

Bunter Blätterrausch

Waldbaden ist gut für die Gesundheit

In Düsseldorf bestehen insgesamt 11 Prozent der Gesamtfläche aus Waldgebieten. Der Kalkumer Forst und der Überanger Mark in Angermund gehören zu dem Forstrevier Nord. Zum Forstrevier Mitte zählen der Aaper, der Gerresheimer und der Grafenberger Wald. Und zum südlichen Forstrevier gehören die Forste in Eller, Hassels, Benrath, Garath sowie der Urdenbacher Altrhein, der Elbsee und der Unterbacher See.

Und wie lässt es sich nun in einem dieser Waldgebiete baden? Ganz einfach: Indem man eintaucht in die Farben, die Gerüche und die **Ruhe des Waldes.** Dabei ist Waldbaden viel mehr als ein Spaziergang oder eine Wanderung durch den Wald. Es geht darum, sich bewusst und achtsam durch den Wald zu bewegen und zwar ohne Zeitdruck. Je mehr Zeit man im Wald verbringt, desto besser. Die Sinne dürfen geöffnet werden und man kann sich einlassen auf das Sehen, Riechen, Schmecken, Hören und Fühlen des Waldes. Dazu kann man immer wieder innehalten, die Augen schließen und wahrnehmen, was sich gerade zeigt. Hier entsteht eine **Verbindung zur Natur,** die in der Großstadt ab und an in Vergessenheit geraten kann. Im Wald hingegen kann man deutlich spüren, dass man auch als Mensch ein Teil der Natur ist.

Wer genau hinspürt und hinschaut, kann im Wald besondere Kraftorte entdecken. Diese lassen sich zum Beispiel dort finden, wo kraftvolle Äste miteinander verwachsen. Dadurch entsteht ein sogenanntes Elfenauge, durch das man hindurchsehen kann. An Bäumen mit dieser Besonderheit kann man gut meditieren und entspannen.

Baumrüssel, das sind Äste, die erst waagerecht wachsen und dann nach oben streben, weisen auf Bäume hin, an denen man gut regenerieren kann.

Wenn Bäume mit Blitzeinschlag keine Brandspuren aufweisen, dann sind sie gut geeignet, um bei ihnen Kraft und Energie zu tanken.

Der gesundheitliche Aspekt des Waldbadens ist enorm. Es hat einen sehr positiven Einfluss auf die körperliche und seelische Verfassung. Das Herz-Kreislauf-System profitiert, die Lungen-funktion wird angeregt und auf die Psyche hat die **Waldatmos-phäre** eine ausgleichende Wir-kung.

Besonders ist zudem die Aus-wirkung auf das Immunsystem. Wenn man einen Tag im Wald verbringt, steigert das die Akti-vität der sogenannten Killerzel-len um 40 Prozent. Diese be-sonderen Zellen fungieren wie ein Detektivsystem im Körper. Sie spüren Viren, Bakterien und krankhafte Zellen auf und be-seitigen diese. Auch sieben Tage später sind die Killerzellen noch genauso emsig.

57 KI-ENERGIE FLIESST

Feinfühlig und mit viel Ruhe und Empathie wird man in dem schönen Massageraum von Kaori Kitsunezaki empfangen und mit einem leckeren Tee versorgt. Die Vorfreude auf die Behandlung steigt.

Betritt man die Praxis Cocon, wird man unmittelbar in Düfte eingehüllt. Diese entstammen der großen Auswahl an Aromaölen, die für die ganzheitlichen Massagen genutzt werden. Der ganzheitliche Ansatz, bei dem der gesamte **Mensch im Mittelpunkt** steht mit seinem Körper, seiner Seele und seinem Geist, liegt Kaori Kitsunezaki sehr am Herzen. Sie richtet den Blick nicht nur auf einen Bereich oder ein schmerzendes Körperteil. Ob man nun wegen einer Verspannung, eines Ungleichgewichts oder zur Entspannung die Praxis Cocon aufsucht, Kaori Kitsunezaki erspürt, hört und sieht

genau hin, achtet auf Zusammenhänge und fragt nach. Genau den Ist-Zustand zu kennen, ist einerseits wichtig für die Art der Massage, aber auch für die Auswahl der passenden **Öle.** Diese sind alle in Bioqualität, damit die Haut frei bleibt von Irritationen. Als Grundlage wird ein Basisöl wie Jojoba- oder Mandelöl genommen und in dieses werden dann die ausgewählten Duftöle geträufelt. Immer nur wenige Tropfen, da der Duft sonst zu intensiv wäre.

Da jeder Körper anders ist, gibt es keinen standardisierten Ablauf. Vielmehr erspürt Kaori Kitsunezaki die Bereiche im

Körper, die mehr oder weniger **Zuwendung** brauchen.

Ein weiterer Schwerpunkt im Cocon ist die Shiatsubehandlung. Shiatsu wurde zu Anfang des 20. Jahrhunderts in Japan aus der chinesischen Tuina-Massage entwickelt. Mithilfe von Fingerdruck können Schmerzpunkte oder Blockaden ertastet und behandelt werden, die die Ki-Energie stören. Die Bezeichnung Ki-Energie kommt aus dem Japanischen und bedeutet übersetzt, dass **Lebenskraft** wieder ins Fließen gebracht werden soll. Durch sanften und manchmal auch etwas festeren Druck werden die **Akupressurpunkte** stimuliert und ein Gleichgewicht erzeugt. Zudem werden die Selbstheilungskräfte aktiviert. Da so eine Behandlung immer nachwirkt, lohnt es sich, ein paar Tage später in den Körper hineinzuspüren, um mögliche Veränderungen wahrzunehmen.

Cocon Düsseldorf
Praxis für ganzheitliche Massage und Aromapraxis,
Kaori Kitsunezaki
Klosterstraße 34
40211 Düsseldorf
Tel. (01 74) 8 32 20 31
www.aromatherapie-duesseldorf.de

Für Dich!
Sich mit Aromaölen massieren lassen

58 PARADIES IM AUENLAND

Ganz nah dran am Rhein, keine Barriere, kein Deich, den man überqueren muss: Die Urdenbacher Kämpe besticht durch ursprüngliche Natürlichkeit. Hier greift der Mensch nur ein, wenn es nötig ist.

Bekommt man Unterhaltungen der Spaziergänger durch die Urdenbacher Kämpe mit, hört man vor allem die Begeisterung über die umgebende Naturpracht heraus: „Schau mal hier!" oder „Natur pur" sind nur zwei von vielen ähnlichen Aussagen. Die Urdenbacher Kämpe kann man sowohl zu Fuß als auch mit dem Fahrrad erkunden. Radelnd kann man die Weite und das große Ganze auf sich wirken lassen, wohingegen man zu Fuß die kleinen Details von der **traumhaften Landschaft** wahrnehmen kann. An einigen Punkten gibt es Informationstafeln, auf denen einiges über Flora und Fauna zu erfahren ist.

Im Gegensatz zu anderen rheinangrenzenden Stadtbereichen wird die Urdenbacher Kämpe nicht von Deichen geschützt, sondern regelmäßig vom Rhein geflutet. Das ist der Grund, weshalb die Auen im Frühjahr so saftig grün leuchten. Zudem wird hier bereits einiges an Wassermassen abgefangen, sodass manches Hochwasser die Innenstadt gar nicht mehr erreicht.

Bekanntere Vogelarten wie Schwäne, Enten und Gänse haben hier ihr Zuhause, aber auch immer mehr schützenswerte

Arten, wie der Eisvogel, der Grünspecht und der Graureiher, fühlen sich in dem Gebiet zwischen Altrhein und Rhein wohl. Man schaut ganz genau hin in diesem **Naturparadies**. Nicht, dass man einen Igel oder Iltis verpasst.

Unbeschreiblich schön zeigt sich die Kämpe im Frühjahr, wenn die Apfel- und Birnbäume in voller Blüte stehen. Eine Mischung aus rosafarbenen und weißen Blütenblättern lässt meist auf eine gute Ernte hoffen. Und so lohnt sich ein nochmaliger Besuch zur Erntezeit oder besser noch kurz davor. Denn dann hängen die Früchte in voller Pracht, rot und grün, knackig und prall an den Zweigen und

spiegeln darin wider, wie wohl sie sich in dieser natürlichen Umgebung fühlen. Und der Duft verrät schon ein wenig, wie der Apfel „Kaiser Wilhelm" oder die Birne „Köstliche von Charneux" schmecken werden. Wem läuft da nicht das Wasser im Munde zusammen?

Urdenbacher Kämpe
Ortweg
40493 Düsseldorf

♡ Für Dich!
Grüne Auen, besondere Vögel, viele Obstbäume

59 DAMPF ABLASSEN

Ob beim Schwitzen drinnen in der Sauna oder im Dampfbad oder beim Entspannen draußen im Saunagarten: In der finnischen Sauna in Niederheid kann man wunderbar entschleunigen und abschalten.

Wahrscheinlich haben die Finnen nicht die ursprüngliche Sauna erfunden, denn Funde für erste Schwitzbäder gab es schon bei den Urmenschen, die umherzogen und ihr Wissen von Ort zu Ort trugen. Die Finnen haben ihr Wissen der asiatischen Besiedlung zu verdanken und sind seitdem bekannt als große **Saunaliebhaber**.

Eine Sauna in finnischer Tradition kann man im Familienbad Niederheid finden. Die Suomi-Sauna, was übersetzt so viel wie „Finnland-Sauna" heißt, ist geprägt von Elementen aus Holz und Stein. In der Kaminsauna Takka gibt es

einen großen Saunakamin mit **offenem Feuer**. Hier steigt die Temperatur auf bis zu 90 Grad Celsius. Ebenso heiß kann es in der Sauna Löyly werden. Hier gibt es eine Auswahl an verschiedenen Aufgüssen, die entspannend oder belebend wirken können. Für alle, die es nicht ganz so heiß mögen, bietet das Sanarium eine gute Alternative. Hierbei handelt es sich um eine Niedrigtemperatursauna, in der sich die Temperatur zwischen 50 und 60 Grad Celsius bewegt.

Auch Dampfbäder gibt es in Niederheid. Im Höyry kann man sitzen und den in die Decke eingelassenen „**Ster-**

nenhimmel" genießen. Wer mag, kann hier noch eine Anwendung mit Salz und Honig erhalten, die wie ein Peeling wirkt, wenn man sich nach dem Dampfbad warm abduscht.

Im Außenbereich gibt es ein weiteres Dampfbad, das seiner Bezeichnung **Banja** nach eher an ein traditionelles russisches Badehaus angelehnt ist. Eingeweichte Birkenzweige werden nach dem Aufguss zum Wedeln verwendet. Der Birkensud, der für den Aufguss genutzt wird, hat einen angenehm frischen Geruch und fördert spürbar die Durchblutung, die durch die Temperatur von ungefähr 70 Grad Celsius ebenso angeregt wird.

Ein ganz besonderes Highlight bietet der Ruheraum, der sich ebenfalls auf dem Außengelände befindet. Die Rückwand

ist gestaltet mit echten **Salzsteinen.** So entsteht ein Mikroklima, das auch in Salzstollen vorherrscht. Man hat hier also Saunaerlebnis und Salzgrotte in einem. Zudem kann man mit Blick ins Grüne herrlich entspannen.

**Suomi-Sauna
Familienbad Niederheid**
Paul-Thomas-Straße 35
40589 Düsseldorf
Tel. (02 11) 95 74 57 80
www.baeder-duesseldorf.de

Für Dich!

Entspannung in verschiedenen Saunabereichen

60 LACHEN STECKT AN

Wer unmittelbar und auf einfache Weise in Kontakt mit sich und seinem inneren Kind kommen möchte, der sollte dringend zum regelmäßigen Lachtreff mit Gisela und Dagobert Dombrowsky kommen.

Wenn Teilnehmer zum ersten Mal die Tür zum Lachtreff öffnen, sind sie meist etwas zögerlich. Vielleicht haben sie schon etwas von Lachyoga gehört oder gelesen, sie wissen aber nicht genau, was dort passiert. Das Gute ist: Es gibt richtige Lachtreff-Erprobte, die regelmäßig kommen und die einen sofort mit hineinnehmen in den **Zauber** des Lachens.

Sobald die Lachyogastunde beginnt, verändert sich etwas. Selbst bei Gisela und Dagobert Dombrowsky, die zuvor auch schon sehr **freundlich und herzlich** waren, stellt sich nun ein herzhaftes Lachen ein. Beim Warmlachen kann es passieren,

dass das kleine Männchen auf der Schulter die Situation noch sehr kritisch beäugt und eventuell sogar belächelt, was da gerade vor sich geht. Ebendieses Männchen wird dann mit einem beherzten Schnipsen von der Schulter gefegt. Denn es hat hier nichts zu suchen. Wenn es verschwunden ist, kann man sich auf die verschiedenen Übungen besser einlassen. Mal wird nach einem bestimmten Schema gelacht und manchmal steht mehr das freie Lachen im Vordergrund. Immer aber geht es um das **Loslassen** von Anspannung im Körper und darum, den Kontakt zu sich selbst herzustellen. Wer sich noch daran erinnern kann, wie sich ein Lachanfall auf den Körper auswirkt, der weiß, dass dann die Atmung bis **tief in den Bauch** fließt und allerlei Muskeln beteiligt sind. Gerade die Bauchmuskulatur wird besonders gefordert. Außerdem bewegen sich fast alle Gesichtsmuskeln mit, und ab und an rollen sogar die Tränen vor Lachen. Wie sonst können sich Körper und Geist so herrlich freuen beim Loslassen und Stress abbauen?

Beim Lachyoga greifen **vier Elemente** ineinander über. So wird das Lachen immer eingebettet in tänzerische Bewegungen, in Gesang oder in Spiele. Allesamt Übungen, die Kindern ebenfalls Spaß machen würden. Genau darum geht es nämlich. Jeder von uns hat auch als Er-

wachsener noch kindliche Anteile in sich, die sich freuen, wenn man sie sieht, sich um sie kümmert und voller Inbrunst ein Lachen in den Himmel schickt.

Lachtreff Düsseldorf

Gisela und Dagobert Dombrowsky
Bürgerhaus im Stadtteil-
zentrum Bilk, Bachstraße 145
40217 Düsseldorf
Tel. (0 21 31) 95 98 91
www.mit-lachen-zum-erfolg.de

Für Dich!
Wieder Kind sein und unbeschwert losprusten

Die Fülle des Lebens

Mit Yoga den Körper bewusst wahrnehmen

Übersetzt aus dem indischen Sanskrit bedeutet Yoga so viel wie „Einheit" oder „Harmonie". Auch wenn es sehr viele unterschiedliche Yogastile gibt, so geht es doch immer um eine Harmonisierung von Körper und Geist durch das bewusste Wahrnehmen der konzentrierten Bewegungen, des Atems sowie der körperlichen und geistigen Vorgänge. Geübt werden Asanas, die in unserem Sprachgebrauch als Körperübungen verstanden werden und Pranayama, die bewusste Lenkung des Atems.

Hatha Yoga

Hier werden grundlegende Asanas und Atemübungen trainiert und das Fokussieren auf den Augenblick. Durch das Steigern der Schwierigkeitsgrade wird die Flexibilität des Körpers und des Geistes gefördert. Im Alltag erhält man dadurch mehr Energie und Kraft und kann Gedanken und Emotionen zur Ruhe kommen lassen.

Yin Yoga

Beim Yin Yoga werden vor allem tiefere Schichten angesteuert. Es geht hierbei weniger um das Kräftigen der Muskulatur, sondern mehr um das Dehnen und Lockern von Bindegewebe, Bändern und Gelenken. Es ist sehr wichtig, Yin Yoga achtsam auszuführen. Dabei beginnt man mit weniger Intensität, um sich dann über mehrere Minuten hinweg in eine Position hineinzubegeben. In dieser Haltung kann man sich mehr und mehr in die Dehnung fallen lassen und sich dabei auch für das Öffnen, was im Geist geschieht. Es kann sehr interessant sein, nachzuvollziehen, wie die Gedanken sich verhalten und verändern.

Vinyasa Yoga

Kraftvolle, fließende Bewegungen im Einklang mit dem Atem sind der Hauptbestandteil von Vinyasa Yoga. Der Sonnengruß ist eine sehr bekannte Bewegungsabfolge, die Kraft und gleichzeitig Ausgeglichenheit schenken kann. Durch die vielen körperlich fordernden Haltungen wird vor allem die Tiefenmuskulatur trainiert.

Kundalini Yoga

Im Mittelpunkt steht hier die Aktivierung der Kundalini-Energie, die ihren

Sitz am Beginn der Wirbelsäule hat und von dort aus alle sieben Chakren anregen soll. Diese spirituelle Ausrichtung des Yoga vereint das Ausüben von Asanas, Meditationen, Atemtechniken sowie das Singen von Mantras. Durch die Kombination dieser Übungen soll das Bewusstsein für sich selbst geklärt und gestärkt werden.

Yoga nidra

Hier gibt es nur eine einzige Übung, die Nvasa genannt wird. Dabei werden im Liegen einzelne Körperbereiche erspürt. Die bewusste Wahrnehmung und der Fokus auf den Körper sollen zu einer Form der Tiefenentspannung führen, die auch „bewusster Schlaf" genannt wird.

61 WANDELN IM SCHLOSSPARK

Schlossgärten sind gemeinhin dafür bekannt, dass sie sich gut zum Flanieren eignen. Der Park rund um das Schloss Dyck hat dabei so viel zu bieten, dass es mit einem Spaziergang nicht getan ist.

Im Schlosspark gibt es verschiedene Karrees und in diesen wiederum mehrere Gänge, in denen man jahreszeitliche Vielfalt erblicken kann. Manchmal gibt es wunderbare Blumen in kräftigen Farben, die auf den ersten Blick wild durcheinander wirken, aber dann doch geordnet zu sein scheinen, oder Apfelbäumchen, Himbeer- und Brombeersträucher. Es gibt ein großes Beet voller blühender Rosen. Um es zu finden, muss man nicht auf eine Karte schauen, vielmehr kann man einfach seiner Nase folgen. Der Duft ist betörend.

Interessant wirkt dazwischen der **Asia-Schaugarten** „Ost trifft West", ein großer, japanisch inspirierter Garten mit zwei Wasserflächen und einem Zen-Garten. In diesem wirken die zahlreichen Solitärgehölze im Zusammenspiel mit den großen Steinen und den weiten Flächen aus Sand und Kies sehr ästhetisch und klar. Ein Zen-Garten soll zur Meditation einladen. Es ist ein **Ort der Ruhe,** an dem man sich fokussieren und konzentrieren kann. So kann man auch hier innehalten, bevor man weitergeht, zum Beispiel in den Englischen Park, der direkt neben dem Schloss gelegen ist.

Hier ist alles etwas weitläufiger zwischen zahlreichen kleinen Waldwegen und schattigen Alleen. Was auffällt, ist die **exotische Vielfalt** der Bäume. Der Mammutbaum oder die Koreapappel sind majestätische Erscheinungen. Besonders eindrucksvoll ist aber die Sumpfzypresse, die direkt am Ufer des schlossumgebenden Wassers mit ihrem kräftigen Stamm so viel Stabilität ausstrahlt. Ihre herabhängenden Zweige umrahmen je nach Blickrichtung das Wasserschloss. Steht man an dieser Stelle am Ufer, kann man Glück haben und sehen, wie sich die historische Kulisse von Schloss Dyck im Wasser spiegelt.

Jahreszeitlich passend gibt es über das Jahr verteilt verschiedene Veranstaltungen auf dem Schlossgelände. Besonders eindrucksvoll ist das **Lichterfestival**, bei dem der Park von Lichtkünstlern illuminiert wird. Das nächtliche Schloss erstrahlt dadurch in einem ganz eigenen wundersamen Licht.

Schloss Dyck
Dycker Straße
41363 Jüchen
www.stiftung-schloss-dyck.de

♡ Für Dich!
Sich in Themengärten an der Natur erfreuen

62 PARADIESISCHE ZUSTÄNDE

Wer mal wieder ans Meer fahren, die salzige Brise auf der Haut spüren und im Mund schmecken und dabei die Zehenspitzen ins kühle Nass halten möchte, der sollte zum Paradiesstrand in Hamm.

Also Strandmuschel, Badelaken und Sonnenhut einpacken und sich auf den Weg nach Hamm machen. Direkt neben der Josef-Kardinal-Frings-Brücke befindet sich in mehreren Teilbereichen ein feiner Sandstrand. Von Weitem ist der Zauber noch nicht zu spüren, aber spätestens, wenn man den ersten Fuß in den Sand setzt, reagieren Körper und Geist. Erinnerungen an Strandurlaube werden wach, Glücksgefühle bahnen sich ihren Weg und sofort stellt sich der Drang ein, die Sandalen auszuziehen. Sandkörnchen platzieren sich zwischen den Zehen,

während die Füße in die warme, weiche Unterlage einsinken.

Wer sein Plätzchen gefunden hat, ob eher im Hintergrund in der Nähe des Grases oder ganz nah am Wasser, sollte bedenken, dass es hier tagsüber keinen natürlichen Schatten gibt und ein Sonnenschirm gute Dienste erweisen kann. Zur Abkühlung könnte man aber auch am Ufer über den feuchten Sand laufen und sich die Zehen vom Wasser des Rheins umspülen lassen. Selbst Muscheln und schöne Steine lassen sich sammeln und zum Kunstwerk arrangieren. Kaum zu glauben, dass der Duft des

Rheins zwar dezenter ist, sich aber ansonsten kaum von der Meeresbrise unterscheidet. Ab und an verirrt sich sogar eine Möwe über den Rhein. Nur anders als an der Nordsee ist hier alles Essbare in sicheren Händen und wird nicht sofort von den Möwen in den hungrigen Blick genommen.

Egal, ob man am Strand sitzt oder liegt, man kann spüren, wie tief der Körper in den Sand einsinkt. Welche Körperteile hinterlassen einen deutlichen Abdruck und welche berühren den Untergrund nur leicht? Welchen Abdruck werde ich hinterlassen, wenn ich wieder aufstehe? Während ich so liege und in

mich und meinen Körper hineinspüre, mich einfach wohlfühle und glücklich bin, hier zu sein, höre ich Menschen auf dem Deich vorbeigehen. Da ruft ein Spaziergänger plötzlich aus: „Das ist hier ja wirklich wie im Paradies!" Und ich lächle.

Paradiesstrand in Hamm
Hammer Deich/nahe der
Josef-Kardinal-Frings-Brücke
40221 Düsseldorf

Für Dich!
**Erholsamer Strandurlaub
ohne weite Anreise**

63 WENN DER PFAU GRÜSST

Die Wasserburg Haus zum Haus ist ein besonderes Kleinod in Ratingen. Zwischen dem geschichtsträchtigen Gebäude und dem großen angrenzenden Park kann man einen wunderbaren Tag verbringen.

Bereits wenn man die alte Wasserburg erblickt, fühlt man eine **einladende Atmosphäre.** Da passt es gut, dass auf dem Schild am imposanten Eingangstor zu lesen ist, dass die Burg in ihrer ursprünglichen Form bereits um das Jahr 1200 entstanden ist und seither als Kernzelle der Stadt Ratingen gilt. Ihren eigentümlichen Namen hat die Anlage ihren einstigen Besitzern, der Familie „zum Haus" zu verdanken.

Mittlerweile wurde die Burg umfunktioniert und beherbergt nun Büros, Wohnungen, ein Restaurant, einen Ballettsaal und einen Konzertraum. Möchte man für einen Kaffee oder auch ein umfangreicheres Essen in dem Restaurant einkehren, so schreitet man durch den rechteckigen Torturm mit Bedacht. Denn es könnte sein, dass ein prächtiger Pfau den eingeschlagenen Weg kreuzt. Hermann heißt er und wurde seinen Besitzern, dem Ehepaar Lambart, zur **Hochzeit** geschenkt. Die dazugehörige Pfauendame lebt nur leider schon lange nicht mehr und so schlägt Hermann Tag um Tag sein Rad und imponiert auf diese Weise immerhin noch allen Besuchern der Wasserburg.

Nur ein paar Schritte von Hermanns Wirkungsstätte entfernt befindet sich die alte Scheune, die aufwendig zum **Konzerthaus** umgebaut wurde. Vor allem junge Künstler erhalten dort die Gelegenheit, ihr Können zu präsentieren. Der dazugehörige Garten ist eine Augenweide. Es wird sehr deutlich, wie liebevoll er gepflegt wird. Im Sommer blühen und duften Rosen und Lavendel um die Wette und buhlen mit ihren leuchtenden Rot- und Lilatönen um die Gunst des Betrachters. Wenn nicht gerade ein Konzert in der alten Scheune gegeben wird, übernehmen die beiden gusseisernen Spielmänner den Dienst der jungen Musiker.

Neben dem Konzerthaus führt ein Weg in den angrenzenden Poensgenpark, der auch Cromford-Park genannt wird.

Wer etwas mehr Zeit mitbringt, kann hier noch einen **wunderbaren Spaziergang** unternehmen zwischen Wald, Rasen und teilweise angelegten Gartenflächen.

Wasserburg Haus zum Haus
Mühlenkämpchen
40878 Ratingen
www.wasserburg-zum-haus.de

Für Dich!
Ausflug zu einer erhabenen Wehrburg mit Park

64 WELLNESS MIT SEEBLICK

Man muss nicht weit wegfahren, um sich wie im Urlaub zu fühlen. Ein Tag im vabali spa reicht aus, um zu entspannen und neue Kraft zu tanken. Das balinesische Flair ist Wellness pur.

Bereits beim Betreten des vabali spa fällt die Last des Alltags von einem ab. Der schöne Eingangsbereich signalisiert Körper und Seele sofort: Ab jetzt ist **Entspannen** angesagt. Das Ambiente dort ist stimmig bis ins kleinste Detail. Dies umfasst die stilvolle Einrichtung, aber ebenso den freundlichen Umgangston und das Bemühen aller, dass es einem dort gut gehen soll. Auch wenn es manchmal etwas voller ist, bekommt man als Gast kaum etwas davon mit, da die Fläche des vabali spa sehr groß ist und die Besucher sich auf die verschiedenen Räumlichkeiten verteilen.

Es gibt allein 13 unterschiedliche Saunen, eine davon ist die Panoramasauna mit Blick auf den Elbsee und die ihn umgebende Natur – **atemberaubend!** Manchmal könnte man glatt vergessen, dass man in Düsseldorf ist und nicht auf Bali. Es gibt auch eine spezielle Damensauna, in der Pflegemasken für das Gesicht inbegriffen sind, wenn man dies möchte. Im Innenbereich gibt es außerdem eine Kräuter-, eine Meditations- oder eine Biosauna, in der eine durchschnittliche Temperatur von milden 55 Grad Celsius herrscht. Dem entgegen steht die Gartensauna für Hartgesottene, bei der

FAST**WIE**AUF**BALI**

die Temperatur bis zu 95 Grad Celsius beträgt. Die Dampfbäder tun ebenfalls gut, egal, ob dabei ein Kräuter- oder eher ein zitroniges Aroma in der Luft liegt. Hierbei hat man ebenfalls die Wahl. Natürlich kann man noch weitere Wellnessangebote in Anspruch nehmen. Dazu gehören Teil- oder Ganzkörpermassagen.

Neben Sauna und Dampfbad gibt es auch einen Innen- und Außenpool. Der Außenpool ist vor allem bei Dämmerung ein Erlebnis, dann werden in kleinen Nischen in der Gebäudewand **Kerzen** entzündet. Dadurch wird der Elbsee nochmals in ein außergewöhnliches Licht getaucht.

Ab und zu findet ein besonderer Abend im vabali spa statt. Dann gibt es **Handspan-Musik.** Der Klang dieses ungewöhnlichen Musikinstruments lädt zum Entspannen und Träumen ein.

 vabali spa
Schalbruch 210
40721 Düsseldorf
Tel. (0 21 03) 33 37 70
www.vabali-duesseldorf.de

Für Dich!
Rundum wohlfühlen in abwechslungsreichen Saunen

65 APOTHEKE VOR DER TÜR

**Einen Weg gehen, den man schon oft gelaufen ist.
Nun aber mit einem anderen Blick auf die Natur.
Man schaut genau hin, sucht, erforscht, beobachtet.
Vielleicht findet man sogar sein Lieblingskraut.**

Zwei Minuten dauert der Fußweg vom Kräuterhafen zum Rhein und große Mengen an verschiedenen Kräutern sind dort zahlreich und über alle **Jahreszeiten** hinweg zu finden. Bei einer Kräuterwanderung mit Christel See lernt man vor allem, wie wichtig es ist, jedes Lebewesen und jeden Organismus wertzuschätzen, auch Kräuterpflanzen. Niemals sollte das gesamte Kraut abgeerntet werden, um der Pflanze die Möglichkeit zu gewähren, wieder und weiter austreiben zu können. Der Umgang mit Knospen und Blüten sollte sorgfältig sein und falls man zu viel geerntet hat, dann darf man den Überschuss einfach an die Natur zurückgeben.

Der Weg der Kräuterwanderung führt an einem Boot am Rhein entlang bis zu einem Walnussbaum, an dem viele Menschen einfach vorbeigehen, ohne ihn als diesen zu erkennen. Es geht weiter zu einer wilden Ecke, in der die Hagebutte wächst und die Nachtkerze blüht. Christel See hat zu jedem Kraut **wertvolles Wissen** parat. So schenkt uns die Nachtkerze wertvolle Inhaltsstoffe für unsere Haut. Sie hilft Entzündungen zu heilen und lässt trockene Haut regenerieren. Auf dem Weg gibt es noch Brombeeren zu pflücken,

Weißdorn zu bestaunen und natürlich Spitzwegerich und Löwenzahn, die eher bekannt sind. Gerne schaut Christel See auch in ihr imposantes Herbarium, eine von ihr mit viel **Liebe** angelegte Sammlung von Kräutern. Hier hat sie wichtiges Wissen zusammengetragen.

Nach einer Wanderung, wenn man in Christel Sees Kräuterhafen ankommt, gibt es einen Höhepunkt, dann darf man nur noch genießen. Angekündigt wurden im Vorfeld einige **Kostproben.** Welche Untertreibung! Es ist herrlich, in verschiedenen kreativen Variationen das zu probieren, was man gerade noch am Deich hat blühen sehen. Manchmal ist es gar nicht so einfach, herauszufinden, welche leckere **Kostbarkeit** man gerade verspeist. Dabei blickt Christel See nicht selten in verblüffte Gesichter, zum Beispiel dann, wenn es als Nachtisch das Gundermann-Eis gibt, das ganz wunderbar schmeckt.

Kräuterhafen
Volmerswerther Straße 445
40221 Düsseldorf
Tel. (01 72) 2 42 65 31
www.kraeuterhafen.de

Für Dich!
Wandern, Kräuter sammeln und genießen

66 KULTIGES EILAND

Hier findet man ein Museum der anderen Art ohne vorgegebene Wege und mit viel Freiraum für sich selbst. Auf der Insel Hombroich kann man sich verlieren oder selbst finden.

Hombroich ist eine Insel der Künste. Das schließt sowohl die besondere Architektur ein als auch die Kunstwerke und natürlich die Natur an sich. So versteht sich das Museum: Alles in einem ist Kunst. Informationstafeln an den Kunstwerken sucht man vergebens, da so jeder seinen eigenen, ganz **persönlichen Zugang** dazu finden kann.

Anfangs war Hombroich tatsächlich eine Insel, ein Park nämlich, welcher von den Ausläufern der **Erft** umgeben war. Diese verwilderte Grünfläche wurde dann umgestaltet zu einer auf den ersten Blick naturbelassenen und erst auf den zweiten Blick sehr wohl strukturierten und gepflegten Landschaft.

Es lohnt sich, mit **offenen Augen** über das Gelände zu gehen, denn so manches Kunstwerk erkennt man erst auf den zweiten oder gar auf den dritten Blick. Nicht selten gerät man ins **Staunen**, wenn man zum Beispiel einen der Kuben betritt, hindurchgeht und dann ebendieses Gelände betrachtet, über das man gerade gegangen ist. Dann wirkt aus der neuen Perspektive heraus alles auf einmal doch wieder ganz anders.

Der Bildhauer Anatol, ein Schüler von Joseph Beuys und vielen Düsseldorfern bekannt, hatte auf Hombroich bis zum Jahr 2019 seine Wirkungsstätte. Rund um sein Häuschen lassen sich viele seiner Skulpturen aus Holz, Stein und Eisen entdecken, beispielsweise „Das Parlament", „Die Wächter" oder auch „Das Osterei".

Auf der Insel Hombroich kann man **viel Zeit** verbringen. Zeit, die hier anders zu vergehen scheint, weil man ins Nachdenken gerät. Das **Nachdenken** über die Kunstwerke führt einen automatisch zum Nachdenken über sich selbst.

Auf der Insel gibt es auch ein Café, in welchem man bei Kaffee und Tee pausieren kann, mit Äpfeln aus den eigenen Gärten, Pellkartoffeln und Quark, Schwarzbrot und Apfelmus. Das passt

wunderbar hierher. Schlicht und einfach, aber doch irgendwie besonders. Diese Stärkung ist bereits im Eintrittspreis inbegriffen.

Museum Insel Hombroich
Minkel 2
41472 Neuss
www.inselhombroich.de

Für Dich!
Hier kann man Architektur, Kunst und Natur erleben

67 KRAFTORT KLOSTER

Hier kann man ankommen und Ruhe finden. Zwischen Kapelle, Garten und Kloster kann man aber auch wunderbar genießen. Wer mag, darf gerne etwas länger einkehren und über Nacht bleiben.

Das Nikolauskloster in Jüchen ist unbestritten ein Kraftort. Nicht umsonst wird es vom Oblatenorden selbst als „Oase im Rhein-Kreis-Neuss" bezeichnet. Die Mitglieder des Ordens kümmern sich mit viel Liebe und **Leidenschaft** um ihr Kloster und die Menschen, die immer wieder gern diese Oase besuchen. Es ist nicht klar zu definieren, was genau die besondere Atmosphäre an diesem Ort ausmacht. Wahrscheinlich ist es eine Mischung aus verschiedenen Zutaten. Zunächst ist es ein besonderer Moment, wenn man im Nikolauskloster ankommt und den wunderschönen Torbogen durchschreitet. Hinter einem liegen die Landstraße und die zahlreichen **Apfelbäume.** Egal, was vorher war, wie viel Stress man hatte – just in diesem Moment des Eintretens bleibt alles hinter einem. Augenblicklich stellt sich ein Gefühl von Ruhe und ja, auch von **Geborgenheit** ein. Und dies ist tatsächlich unabhängig davon, ob an einem Tag mehr oder weniger Menschen das Kloster besuchen.

An der Mariengrotte des Klosters können vor einer Marienstatue Kerzenlichter entzündet werden. Wer mag, kann sich für ein stilles Gebet oder ein **Nachsinnen** auf einer der Bänke niederlassen.

Die Mariengrotte war früher und ist bis heute eine wichtige Anlaufstelle für viele Menschen, um zu bitten, zu danken oder einfach nur zu sein. Davon zeugen auch die Rosenkränze, die Menschen, rund um die Grotte verteilt, zurückgelassen haben.

Im Innenhof des Klosters, der rundherum von einem Kreuzweg umfasst wird, sind zahlreiche Sitzmöglichkeiten vorhanden. Diese kann man zum **Verweilen** nutzen oder – und das ist wirklich zu empfehlen – zum Genießen von Kaffee und Kuchen. Täglich gibt es ab 13 Uhr leckeren, selbst gebackenen Kuchen. Bereits an Wochentagen ist die Auswahl gut, aber eine wahre Vielfalt wird sonntags angeboten, von Streuselkuchen über Stachelbeerbaiser, von Käsesahne- über Schwarzwälder Kirschtorte. Angeraten wäre sicherlich, an diesem Tag das Mittagessen ausfallen zu lassen.

Nikolauskloster
41363 Jüchen
Tel. (0 21 82) 82 99 60
www.nikolauskloster.de

Für Dich!
Im Kloster kann man den Alltag hinter sich lassen

Die Um-mich-herum-Geborgenheit

Dankbarkeit führt zu einem positiven Lebensgefühl

Nicht nur das Meditieren ist eine Form von Achtsamkeit. Auch wenn man Dankbarkeit gegenüber sich selbst zeigt, für andere Menschen oder für die unterschiedlichen Begebenheiten des Alltags, kann das große Ressourcen für eine positive Ausrichtung des Lebens bereitstellen.

Der Grund dafür ist, dass wir immer dann, wenn wir dankbar sind, unsere Aufmerksamkeit nicht auf einen etwaigen Mangel legen. Wir sind dankbar für etwas, was bereits da ist. Dabei kann es hilfreich sein, sich bewusst vor Augen zu führen, was für uns oft selbstverständlich ist. So nehmen wir den eigenen Körper vor allem dann bewusst wahr, wenn er schmerzt oder krank ist. Aber auch einmal dankbar dafür zu sein, welche Leistung der Körper jeden Tag ganz selbstverständlich vollbringt, kann einem dazu verhelfen, wieder mehr in Kontakt mit sich selbst zu kommen. Es stellt sich nach und nach eine positivere Grundeinstellung ein, durch die wiederum viel mehr Schönes wahrgenommen wird. Es ist wie eine Verkettung positiver Umstände.

Drei Dankbarkeitsübungen, die schnell und einfach umzusetzen sind:

Die Fünf-Finger-Übung

Jeden Abend kann man den Tag gedanklich Revue passieren lassen mit besonderem Fokus auf Dinge, für die man dankbar ist. Dann zählt man mithilfe der Finger fünf Dinge auf und macht sie sich dadurch noch einmal bewusst.

Die Dankbarkeitssammlung im Glas

Immer dann, wenn man im Alltag bewusst für etwas dankbar ist, kann man es auf ein kleines Blatt Papier schreiben, dieses falten und es in ein Glas mit Schraubverschluss werfen. Gerade das Auf- und Zuschrauben des Glases lässt die Handlung von einer nebensächlichen zu einer bewussten werden. Andere Familienmitglieder sind herzlich dazu eingeladen, sich an der Sammlung zu beteiligen. Zum Jahresende kann das Glas dann feierlich geöffnet und die kleinen Texte können vorgelesen werden.

Aufwachen in Dankbarkeit

Mit dem ersten Augenaufschlag am Morgen lässt sich ein wunderbares Ritual verbinden. Man kann damit beginnen, sich eine Person vor das innere Auge zu rufen, für die man in diesem Moment ganz besonders dankbar ist und die man von ganzem Herzen gern hat. Dabei kann man sich so viele Einzelheiten von dieser Person so genau wie möglich vorstellen: Wie steht sie vor mir? Wie sieht sie aus? Welche Kleidung trägt sie? Wie schaut sie mich an?

Durch diese Visualisierung stellt sich unmittelbar ein positives Gefühl ein und man kann gut gelaunt in den Tag starten.

68 ACHTSAME AUSZEIT

Durchatmen, ein paar Tage für sich sein und neue Kraft sammeln. Die ruhige Atmosphäre und die gefühlte Abgeschiedenheit des Land Gut Höhne tragen dazu bei, dass man vom Alltag abschalten kann.

Kurz hinter Düsseldorf befindet sich in der Nachbarstadt Mettmann ein Wellnesshotel der ganz besonderen Art. Im Land Gut Höhne wird Achtsamkeit gelebt und den Hotelgästen in vielfältigen Angeboten zugänglich gemacht. Hier findet man Zeit und Raum für sich, kann achtsam in sich hineinspüren, um dann zu entscheiden, was man gerade braucht. Man kann herrlich durch den umgebenden Park schlendern und die **Natur genießen** oder auch drinnen den breit aufgestellten Wellnessbereich nutzen. Besonders eindrucksvoll ist hierbei das Soleum. In dieser kleinen **Felsgrotte** kann man in einer Mischung aus Sole und Dampf schwitzen und dabei auf Monolithen, auf großen Gesteinsblöcken, sitzen. Das hat etwas so Ursprüngliches, dass der Bezug zum nahe gelegenen Neandertal besonders deutlich wird. Wer sich dann die Sole vom Körper gewaschen hat, kann sich mit Blick ins Grüne ausruhen oder sich weiter verwöhnen lassen.

Neben der klassischen Massage wird noch eine andere Art der Entspannungsbehandlung geboten. Beim **Yurashi** wird man sehr sanft und ruhig berührt. Es wird gedreht, leicht gezogen und gewogen. Zeitweilig erinnern die Handgriffe

NURGUTESIMLANDGUT

an Bewegungen aus dem Feldenkrais, bei denen ebenfalls der Körper bewegt wird. So lässt sich während der Behandlung gut nachverfolgen, was genau im Körper geschieht.

Sich seines Körpers und Geistes bewusst werden kann man nicht nur hier, sondern auch an vielen anderen Stellen auf dem Land Gut Höhne. Beim Gemeinschaftskurs im **Fußspüren** erkundet man unterschiedliche Untergründe im Gelände wie Wiese, Wald, Sand und Holz. Ebenfalls draußen oder mit Blick ins Grüne finden Stunden in Qigong statt. Bei langsamen und achtsam ausgeführten Bewegungen kann man zu einer tiefen Form der Selbstwahrnehmung gelangen.

Auch wenn es um die Ernährung geht, ist auf das Land Gut Höhne Verlass. Sofern möglich, werden biologische und **regionale Produkte** verwendet. Es gibt nicht nur ein reichhaltiges Buffet, sondern auch die Möglichkeit, beim Live-Cooking zuzuschauen, wie Gerichte sorgsam und mit Feingefühl zubereitet werden.

Land Gut Höhne
Düsseldorfer Straße 253
40822 Mettmann
Tel. (0 21 04) 77 80
www.guthoehne.de

Für Dich!
Wellnesswochenende für Körper und Geist

69 BRITISCH ENTSPANNEN

Eintauchen in eine andere Welt, in eine andere Zeit für einen Tag, ein Wochenende oder eine Woche. In der historischen Stadtvilla aus dem Jahre 1907 ist dies möglich. „Very british" ist garantiert!

Mit Betreten des Foyers taucht man ein in die Zeit von **Königin Victoria**. Dunkles Mahagoniholz, rote Teppiche mit Spitzenblumen und viele Spiegel säumen sowohl den Eingangsbereich als auch die Hotelflure. Die Schwere des optischen Eindrucks nimmt zugleich Einfluss auf die Körperwahrnehmungen und -empfindungen. Erdend und entschleunigend wirkt ein Besuch in der Villa Achenbach. Jeder Schritt ist gedämpft, jedes Wort wird leise ausgesprochen, um sich der Umgebung ehrfürchtig anzupassen.

Freundliche Blicke und nette Worte tragen zu einem herzlichen Empfang bei.

Während das zuvorkommende Personal beim Tragen des Gepäcks behilflich ist, knarzen die alten Holzdielen unter dem schweren Teppich. Jede Etage lädt mit einem eigenen Bereich zum Verweilen ein. Dazu gehören samtene Vorhänge genauso wie königliche Sitzgelegenheiten und glitzernde Kronleuchter.

Jedes der 21 Zimmer ist auf seine Weise und ganz **individuell** ausgestattet. Dabei wurde jedes Detail von der Inhaberin Maja Romanova **mit viel Liebe** ausgewählt, ob dies nun ein altes, aber noch funktionierendes Telefon mit Wählscheibe ist, ein schmaler Sekretär für die schriftliche Korrespondenz oder die kleinen Sofas im viktorianischen Stil mit geschwungenem Rahmen und Brokatbezug, man fühlt sich königlich aufgehoben.

Dass die Regendusche nicht in die **viktorianische Zeit** hineinpasst, lässt sich gut verkraften. Bereits beim Waschbecken erinnert wieder alles an andere Zeiten, wenn man die goldfarbenen Wasserhähne aufdreht.

Es lohnt sich, sich zur **Teestunde** zum Lesen oder Verweilen in den Aufenthaltsraum im Erdgeschoss zurückzuziehen. Bewacht von den Gebrüdern Achenbach, deren imposante Portraits an der bestickten Tapete hängen, kann man bei dezenter Musik und englischen Toffees den **Tag ausklingen** lassen, um dann den

nächsten wiederum stilecht britisch zu beginnen. Im zum Frühstücksraum umgebauten Wintergarten oder im Sommer in einem Pavillon im Garten kann man das reichhaltige und liebevoll angerichtete Frühstück genießen, natürlich gibt es auch ein typisches „English Breakfast".

Hotel Villa Achenbach
Achenbachstraße 17
40237 Düsseldorf
Tel. (02 11) 66 90 90
www.villa-achenbach.de

Für Dich!
Ausflug in das England des 19. Jahrhunderts

70 WILLKOMMEN AN BORD!

Wenn die Nächte schon fast zu kalt sind, ist das Übernachten im Hausboot eine urgemütliche Erfahrung. Eingekuschelt in Decken sitzt man auf der Bootsterrasse und blickt auf den sanft beleuchteten See.

Still und ruhig liegen sie da. Die fünf Hausboote am Unterbacher See. Sie sehen aus wie kleine **Inselhütten** und von außen mag man kaum glauben, dass dort von Kochen, über Schlafen und draußen sitzen, alles möglich ist. Selbst ein kleines Bad ist mit an Bord. Duschen lässt es sich ganz unkompliziert in den Anlagen des Campingplatzes. Wenn man seine Zahnbürste oder die Marmelade vergessen hat, wird man in dem kleinen Tante-Emma-Laden im Eingangsbereich fündig. Es kann also nichts passieren.

Selbst wenn es im Sommer, vor allem in der Ferienzeit, auf dem Campingplatz rundgeht, ist bei den Hausbooten, die nur ein paar Meter weiter entfernt liegen, **alles ein bisschen anders.** Spätestens wenn das letzte Tretboot zurückgegeben und die letzten Segel eingeholt sind, wird es ganz ruhig auf dem See. Wellen schlagen dann nur noch die Entenfamilie samt kuscheligem Nachwuchs oder die ein oder andere Gans, die aus voller Kehle schnattert.

Wenn es dämmert, kann man draußen sitzen auf der **schönen Terrasse** und der Sonne beim Untergehen zusehen. Irgendwo auf dem Campingplatz wird noch gefeiert und der Wind trägt ab und an eine leise Melodie herüber. Auf dem Nachbarboot wird geredet und gelacht. Und auf einmal ist sie da: die **Urlaubs-stimmung.** Aber eigentlich ist es noch viel mehr. Hier kann man ganz bei sich ankommen.

Fernseher und Radio gibt es nicht an Bord, also die ideale Gelegenheit, um Tablet und Mobiltelefon auch in der Tasche zu lassen und einfach für ein paar Tage **nicht erreichbar** zu sein.

Wenn am Morgen die Sonne langsam aufgeht und ein dichter Nebel über dem See liegt, ist es **einfach nur herrlich,** der Natur beim Aufwachen zuzusehen. Die Entenfamilie schwimmt ebenfalls ih-

res Weges. Und die Gänse? Die erzählen schon wieder ganz aufgeregt, was sie in der Nacht Schönes geträumt haben.

Hausbootsverleih Camping-platz Unterbacher See
Kleiner Torfbruch 31
40627 Düsseldorf
Tel. (02 11) 8 99 20 38
www.unterbachersee.de

Für Dich!
Auf dem Hausboot ist alles andere weit weg

Bibliografische Information der Deutschen Nationalbibliothek
Die Deutsche Nationalbibliothek verzeichnet diese Publikation
in der Deutschen Nationalbibliografie; detaillierte bibliografische
Daten sind im Internet über http://dnb.d-nb.de abrufbar.

© 2020 Droste Verlag GmbH, Düsseldorf
Konzeption/Gestaltung/Satz: Droste Verlag, Düsseldorf
Einbandgestaltung: Götz Rohloff, Die Buchmacher – Atelier für
Buchgestaltung, Köln
Fotos: Simone Eichhorn, außer:
Aquazoo Löbbecke Museum/Jaroslaw Miernik: S. 76; Filmkunstkinos:
S. 99 l.; Angelika Geurts: S. 115 r.; Robert Hainer: S. 150; Andrea Jung:
S. 87 l.; Annette Kanis: S. 44, 45, 49 r., 51 l., 123, 139, 149 r., 157 l.;
Barbara Klein: S. 159 r.; Dorothee Kümmel: S. 108, 109 l.; Michael Kuhl:
S. 104, 105; Land Gut Höhne: S. 162, 163; Inga Dünkelberg-Niemann:
S. 116, 117; Michael Rennertz: S. 49 l., 122, 128, 129 l.; Nina Schaller:
S. 94, 95; Stadt Monheim am Rhein: S. 96; vabali spa: S. 152, 153;
www.stock.adobe.com: S. 13: Peter Hermes Furian, S. 30: Irina Fischer,
S. 31 l.: hespasoft, S. 31 r.: achim rosenthal, S. 35: Syda Productions,
S. 43 l.: misu, S. 53: Tom Bayer, S. 73: Sonja Birkelbach, S. 86: etitov,
S. 88: wildworx, S. 106: PhotoKD; S. 107 l.: malkovkosta; S. 107 r.:
Baronb, S. 111: casagrandelor, S. 140: Christian Schwier, S. 141 l.:
Reicher, S. 141 r.: Серрей Чирков, S. 145: Nadezhda, S. 161: Microgen

Druck und Bindung: LUC GmbH, Greven
ISBN 978-3-7700-2198-7

www.drosteverlag.de

MIX
Papier aus verantwor-
tungsvollen Quellen
FSC® C011279